人気釣り場の漁協組合長、研究者、編集長による**本音トーク**

魚がよろこぶ川のリアル

つり人社

目次

装　丁　神谷利男デザイン株式会社
写真協力　郡上漁業協同組合
九頭竜川中部漁業協同組合
和良川漁業協同組合
坪井潤一

はじめに

本書は、2023年2月25日、(株)つり人社・STUDIO-J1にて収録、後日「鮎・渓流釣りの未来を語る座談会」と題して「釣り人チャンネル(You Tube)」上で全4回にわたって公開中の内容をもとに、細部を加筆・修正して構成したものです。

同座談会にご参加いただいたのは、アユ&渓流釣りで人気の長良川、九頭竜川、和良川の3河川の漁業協同組合組合長と水産学者の坪井潤一さん、そして弊社の2名。

2023年2月9日付の北海道大学プレスリリース「放流しても魚は増えない」という衝撃的なタイトルとその内容についても意見を交換しつつ、放流や増殖活動の実際と、これから目差すところについて、大いに語り合います。

(株)つり人社・STUDIO-J1での収録中

座談会参加者

白滝治郎（しらたき・じろう）

郡上漁業協同組合・組合長
2021 年から組合長に就任。アユ・渓流釣りの名手として知られる。郡上鮎の商標登録獲得や、郡上鮎の取引を豊洲市場と成立させるなど、副組合長の時代から漁協の活動に尽力している。

中川邦宏（なかがわ・くにひろ）

九頭竜川中部漁業協同組合・組合長
2021 年から組合長に就任。群馬のアユ釣り名手・野嶋玉造さんとも親交が深く、激流のアユ釣りを得意とする。2022 年は「九頭竜中部 LADIES 杯」を開催するなど、新たな漁協事業を意欲的に行なっている。

大澤克幸（おおさわ・かつゆき）

和良川漁業協同組合・組合長
2021 年から組合長に就任。アユ釣り大会「ダイワ鮎マスターズ」では全国大会 3 位の実績をもつ。「清流めぐり利き鮎会」への出品や、「和良鮎を守る会」の設立など、和良川のアユの価値を高める活動に日々身を投じている。

坪井潤一（つぼい・じゅんいち）

水産研究・教育機構・主任研究員
キャッチアンドリリース（C&R）や種沢の資源維持効果、カワウ対策やアユの放流方法についての研究を最前線で行なう研究者。アユ、渓流釣りにも造詣が深い。

鈴木康友（すずき・やすとも）

株式会社つり人社会長
月刊『つり人』編集長をはじめ、『Basser』『FlyFisher』『鮎釣り』など各誌編集長を歴任。代表取締役社長を経て現在会長職を務める。アユ・渓流釣りの変遷を 50 年以上見つめ続けている。

佐藤俊輔（さとう・しゅんすけ／司会）

月刊『つり人』編集長
別冊『鮎釣り』や『渓流』編集長を兼任。シーズン中は全国各地のアユ釣り場を飛び回る。

本書に登場する魚たち

サクラマス

サケ目サケ科サケ属。サハリンから北九州沿岸の日本海側、オホーツク海沿岸、北海道から神奈川県酒匂川までの太平洋側に分布。種としてはヤマメと同一で、降海型をサクラマスと呼ぶ。スモルト化して降海すると１年を海で過ごした後、河川を遡上する。河川残留型のヤマメよりも大型化し、60cm 以上にもなる。

ヤマメ

サケ目サケ科サケ属。北海道全域、青森県から北九州までの日本海側、青森県から神奈川県酒匂川までの太平洋側（主に河川上流の冷水域）に分布するが、移殖や放流のために分布が乱れている。体側に並ぶ、パーマークと呼ばれる小判状の斑紋が特徴。川で成長して秋〜冬に産卵する河川残留型で、降海型はサクラマスと呼ぶ。

アユ

サケ目アユ科アユ属。北海道南部、本州、四国、九州に分布。秋〜冬にふ化した仔魚は川を流下し春まで沿岸域で過ごした後、川を遡上する。成長するにしたがい藻類を食べるためにナワバリを形成する。産卵後に生涯を終える年魚。スイカのような香気から「香魚」とも呼ばれる。琵琶湖と流入河川に生息する陸封型のアユはコアユと呼ばれ、海の代わりに湖で冬を越す。

アマゴ

サケ目サケ科サケ属。神奈川県酒匂川から四国までの太平洋側、九州を含む瀬戸内海沿岸地方に分布するが、放流等により日本海側など各地に広がっている。ヤマメと同様に、主に河川上流の冷水域を好む。体側にはヤマメと同じくパーマークのほかに、鮮やかな朱点が見られる。川で成長して秋〜冬に産卵する河川残留型で、降海型はサツキマスと呼ぶ。

サツキマス

サケ目サケ科サケ属。スモルト化（シラメと呼ばれる）して海へ降るアマゴの降海型をサツキマスと呼ぶ。降海後は3〜6ヵ月を沿岸域で過ごして25〜45cmに成長し、4〜5月になると川を遡上して中〜上流域で夏を過ごす。遡上した成魚は全身が銀白色に輝くが、朱色の斑点が残るものもある。

※参考：『「特徴 仕掛け さばき方」が分かる 672 頁超図鑑　さかな・釣り検索』（(株) つり人社）

座談会の舞台３河川＆
組合長はアユ釣り名手

長良川

白滝治郎組合長

九頭竜川

中川邦宏組合長

和良川

大澤克幸組合長

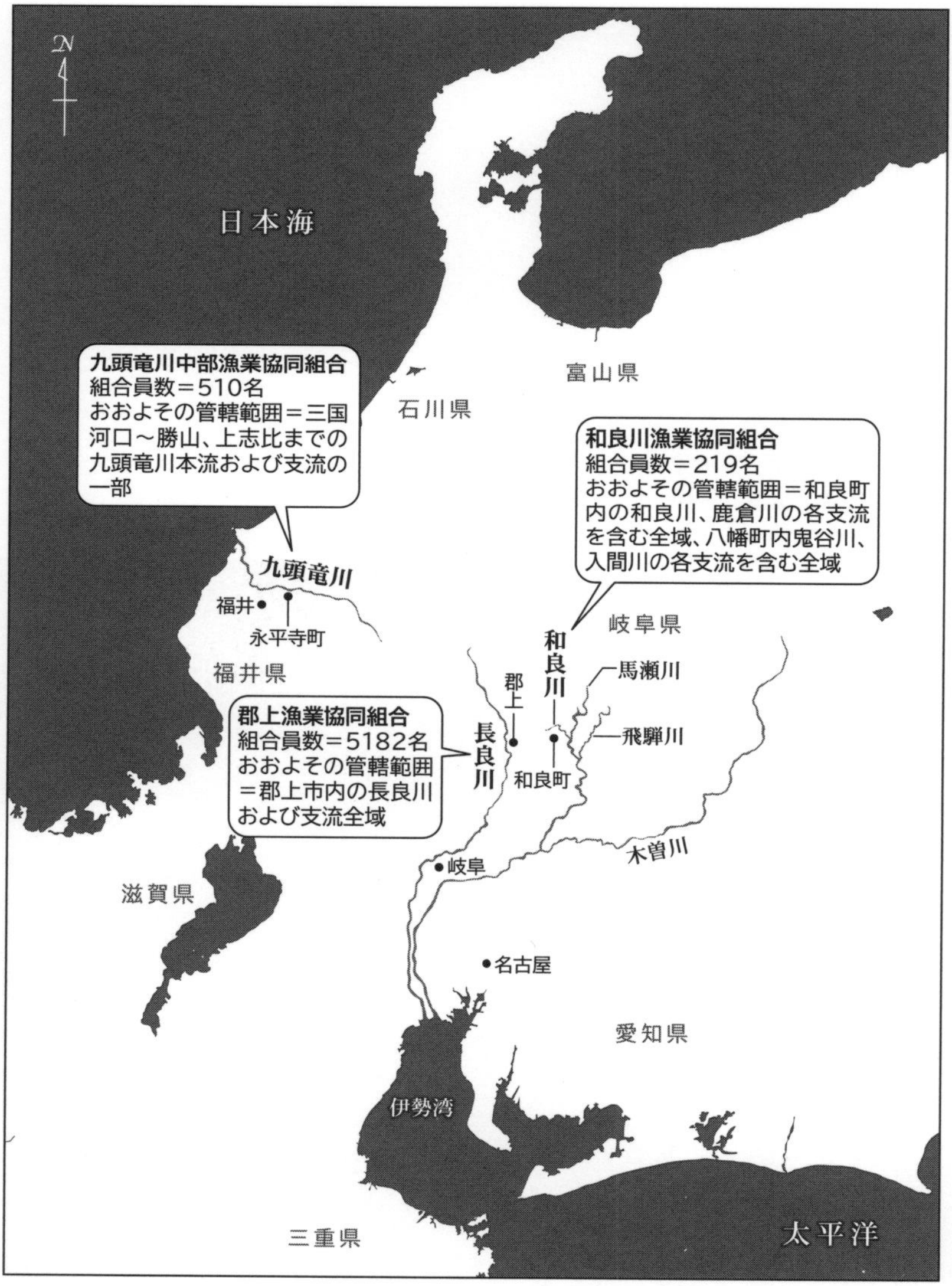

日本海
九頭竜川中部漁業協同組合
組合員数＝510名
おおよその管轄範囲＝三国河口～勝山、上志比までの九頭竜川本流および支流の一部
石川県
富山県
和良川漁業協同組合
組合員数＝219名
おおよその管轄範囲＝和良町内の和良川、鹿倉川の各支流を含む全域、八幡町内鬼谷川、入間川の各支流を含む全域
九頭竜川
福井
永平寺町
福井県
岐阜県
和良川
馬瀬川
郡上
飛騨川
郡上漁業協同組合
組合員数＝5182名
おおよその管轄範囲＝郡上市内の長良川および支流全域
長良川
和良町
木曽川
岐阜
滋賀県
名古屋
愛知県
伊勢湾
三重県
太平洋

第1章

アユ・ヤマメ（サクラマス）・アマゴ（サツキマス）を増やすには

～放流の不都合な真実とは？～

佐藤　本日は、日本のアユ・渓流釣り場として非常に人気の高い3河川の漁業協同組合（以下、時に「漁協」と略）組合長と、先進的な研究をしておられる学者の坪井潤一さんにお越しいただき、弊社会長・鈴木を交えて座談会を進めて参ります。最初に皆さまの自己紹介をお願いいします。

白滝　郡上漁業協同組合、岐阜県長良川の最上流部を管轄しております。組合長としては新米でございますが精一杯頑張りたいと思っております。

中川　九頭竜川中部漁協の中川邦宏と申します。1期目で右往左往しながら3年目を迎えます。これからもあと1年の任期の中で精一杯頑張りたいと思います。

大澤　岐阜県和良川漁業協同組合組合長の大澤でございます。まだ私も新人でございまして、試行錯誤しながら頑張っております。

坪井　水産研究・教育機構の坪井潤一と申します。今日はよろしくお願いいたします。私の専門はアユとか渓流魚なんですけれども、今日はそれが両方ともテーマに挙がっていて、皆さんと議論する中で勉強させていただければと思っています

鈴木　鈴木でございます。月刊『つり人』やアユの別冊、ビデオにＤＶＤなどを通じて、アユに関わることを50年以上続けてきました。皆さんとも親しくさせていただいております。よろしくお願いいたします。

佐藤　司会を務めます月刊『つり人』編集長の佐藤です。今回お集まりいただいた組合長

は、皆さんアユ釣りや渓流釣りの名手でいらっしゃいます。

鈴木　これはすごいですねー（笑）。

佐藤　僕が入社したての頃は、「（漁協の）組合長は、ヤマメもイワナも区別がつかないような人たちが多いんだ」と鈴木からよく聞かされたんですけど、過去はそんな感じだったんですか？

鈴木　地域のお金持ち、山持ちとかね、あるいは地元の役所を定年退職した人、議員さんとかOB、飾りみたいな人が多かったんですね。私たちが行ってお話を聞くと、ヤマメもイワナもハヤも区別がつかない人もたくさんいらっしゃった。それでも昔は（組合が）回っていたけど、今はそういう時代ではなくなりました。僕も雑誌で何度か「釣り人による釣り人のための河川管理」などの座談会を開いたりして、この前お亡くなりになった狩野川（静岡県）の植田正光先生とか、アユ釣りをする人で組合長になった人も何人かはいらっしゃったんですけど。今回お集まりいただいた皆さんは、それに加えて、アユ釣りの実績がすごいし非常に発言力がある。県や水産試験場にも積極的にいろいろなお話をされていて、これからが楽しみじゃないかなと思います。また、坪井さんも研究者であると同時に渓流もアユ釣りもこなす釣り人ですから大変心強いです。

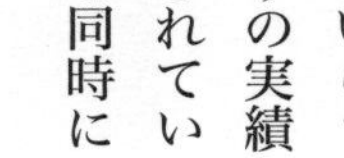

子供が川で遊び、学べるための取り組み

「よい子は川に近づかない」から、「よい子は川で遊ぶ時代だ」へ

佐藤　最初に掲げるテーマは、「渓流魚・サクラマスを増やすには？」です。ちなみに今日は2月25日で、郡上（長良川）も和良川も、九頭竜川中部漁協も渓流釣りが解禁されています。今どうですか？　釣り人の入りというかですね。

白滝　長良川の場合は、メインはネイティブなよい魚ということで皆さん集まられるんですが、この時期ですから若干成魚放流もサービス的な意味合いで入れているんですけど。ここ数年、大きな災害がなかったこともあろうかと思いますが、天然魚は非常にいい状態で、今年も今の魚の濃さ、去年一昨年の川の状況を見る限りでは、最盛期の3月のお彼岸以降4月ぐらいまでは、ポッテポテの郡上アマゴがフィーバーするだろうと踏んでます。

大澤　和良川は2月1日解禁で時期的にも早いのですけど、やはり岐阜の山岳部で気温も低くてですね。初期は食いが悪いので成魚放流を中心に、初心者や女性の方も釣りやすい場所に集中的に放流して、釣っていただくような状況です。天然ものは、今まではそれほど力も入れてなかったというのもあるんですけど、一昨年くらいから……郡上漁協さんの

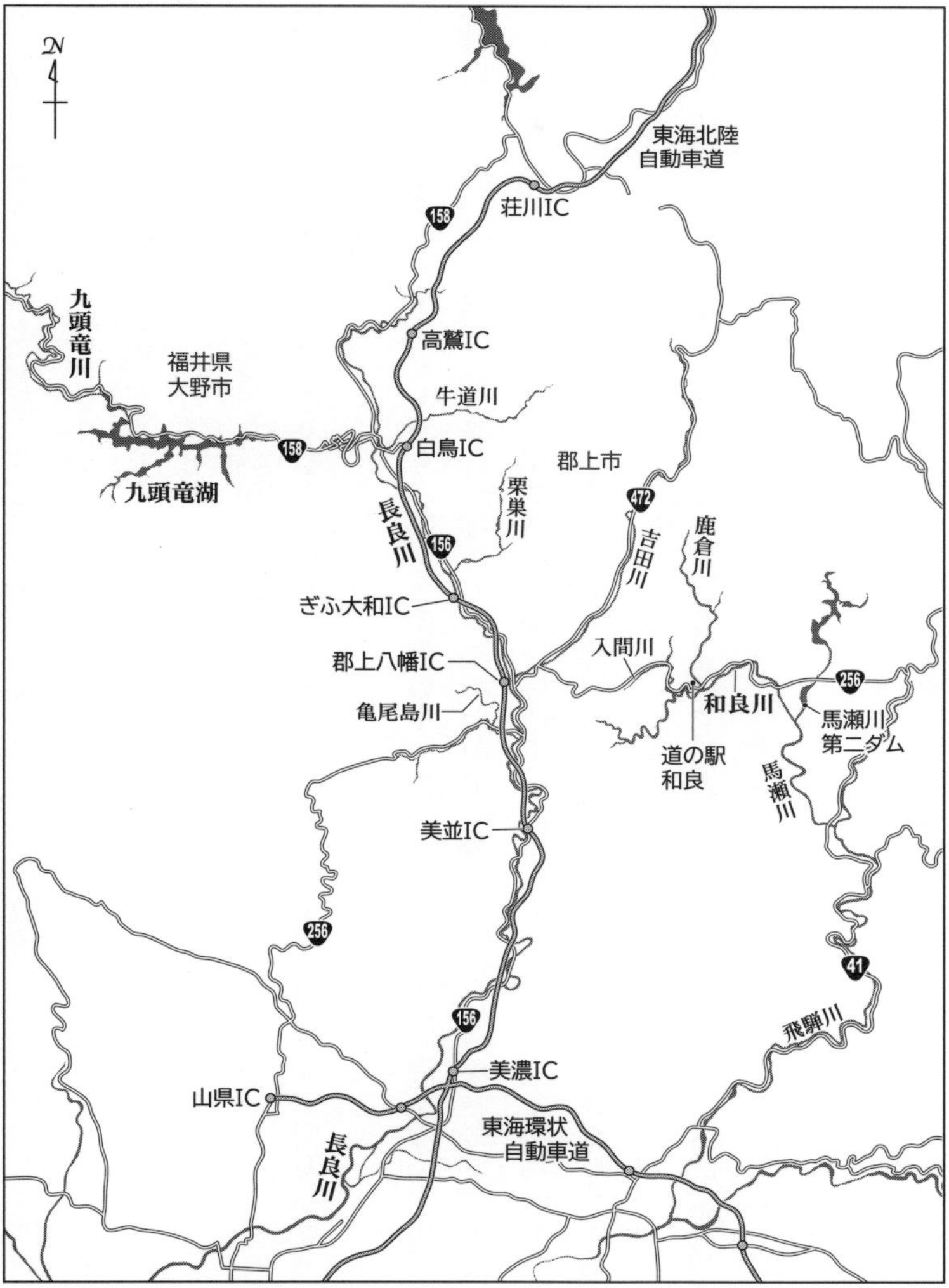
N
東海北陸
自動車道
158
荘川IC
九頭竜川
福井県
大野市
高鷲IC
牛道川
158
白鳥IC
郡上市
九頭竜湖
栗巣川
472
長良川
156
吉田川
鹿倉川
ぎふ大和IC
入間川
郡上八幡IC
256
亀尾島川
和良川
馬瀬川
第二ダム
道の駅
和良
馬瀬川
美並IC
256
41
156
飛騨川
美濃IC
山県IC
東海環状
自動車道
長良川

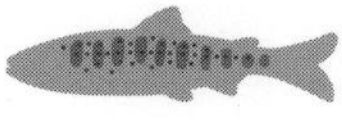

アマゴが、素晴らしい魚がたくさん川に生息していますので。放流の仕方を真似して卵放流とかですね、稚魚放流を集中的に一昨年行なったんです。それの生まれた新仔は、昨秋から数が見えるようになってきまして。今年は、例年ですと今天然ものはあまり釣れないんですけど、ここのところ天然ものも寒い時期ですけど数が出るようになってきて、今年はちょっと期待できるんじゃないかなと思いますね。

佐藤　子供と一緒に組合が取り組んでいるイメージが結構あります。卵放流や川遊びを一緒にしたり（次頁）。

大澤　近年ですと、子供さんたちは塾だとか習い事が忙しくて川で遊ぶ時間がない。川で魚を捕るとか、魚に触れ合う機会がなくて、なかなか川に寄り着いてくれないので。和良の地域では少しでも子供たちに川で遊ぶ、怖い場所ではあるんですけども楽しい場面もたくさん見せたいということで、小学校の放流体験とか川遊び体験、夏場のアユ釣り教室も子供たちを中心にやりまして。今、地域おこし実践隊と協力しながら、少しでも将来の組合員になってくれることを期待して、みんなで楽しみながらやっているような状況ですね。

佐藤　本当に、和良川という地域を、あの小さな村を、一所懸命よいところにしたいという意識が高い組合だと思っています。

鈴木　珍しいですよねー、最近は若い移住者がいて、子供もいて。何とオトリ屋さんを始めた人とかね。大澤さんが組合長になってからずいぶん変わったと思う。これはね大事な

和良川小学校の小学生たちによるアマゴ卵放流体験

和良川川遊び体験会

ことで、僕は全国走り回ってきましたけど、一番心配なのは「よい子は川に近づかない」というようなことを学校の先生が言う。一番いけないのは各県の教育委員会だと思う。僕は何回も言い続けてますけども、文部科学省でも言ったことあるんですよ、その話をね。「ああいうことをやめさせろ」と。ひどい場合は都会で、海で泳いだら停学とかね。

一同　（苦笑）ひどい。

鈴木　川で生まれ育って、川で遊んできた人たちがアユ釣り名手になるんですよ。ものすごく心配なのは、どこで聞いても学校で「川に行っちゃいけない」と言うことですね。

坪井　「よい子は川で遊ぶ時代だ」ということを、何かキャンペーンを打っていかないと。

鈴木　川によっては標識があって「きれいな川で安全に遊びましょう」という所もありますけどね。天野礼子さんが「川ガキを育てよう」ということをずいぶん言ってきました。あれはもう1回全体で、釣りの世界だけじゃなくてキャンペーンをやるべきだと思いますね。そういう意味では和良川は非常に素晴らしいと思います。長良川も昔から支流の吉田川のあの橋の所から飛び込む、今でもやってますよね。ああいうことがあると子供たちが育ってくる、釣り人になってくれると思うし、一番は川を大切にする、自然を大切にするということが自然に沁みついて来ると思うんです。これを機会に何とかしたいですね。

坪井　何かキャンペーンが打てるといいですね。

白滝　今、郡上の学校は全部あの（川遊び禁止の）ビラは取りましたよ。僕が何回かずっと、もう10数年前に学校に呼ばれて話しに行くじゃないですか。あるいは子供を連れて放流体験に行くじゃないですか。まず校長室に通されるんですね、すると校長室の手前に必ず「よい子は川で遊ばない」というのがあったんですよ。だからそれを拒否したんです。「こういう考えなら僕、来ないよ」と。意味ないから。僕はとにかく「川で遊んで、遊んで川の怖さを知ってもらって、楽しさも知ってもらって初めて、川に根付いた人間ができるんだ」という話を口酸っぱく2、3年やってましたら全部（張り紙を）取って。それこそ「川で遊びましょう」とは書いてないですけども、一切そういうのは触れなくなる一方で、こちらでそういう体験をやると、小学校だけでも郡上市内にいくつかありますんで、ほかの学校からも声が掛かって「うちも同じことをやってよ」と。最近は渓流釣りやアユ釣りまで始めましたので、和良と一緒ですわ、本当にいい感じにはなってきましたね。

鈴木　九頭竜川はどうですか。

中川　九頭竜でもそういう取り組みはやっていて、サクラマスの放流、春秋ですね。2回目は幼稚園児の子供、それとアユの場合は落ちアユの時に小学生の子たちの手を借りて採卵と孵化までお手伝いしてもらって。幼稚園の子が（サクラマスの放流で）来られた時、「九頭竜川知ってますか」と聞いたら「暴れ川」って（答えた）。親御さんが教えられたか分かりませんけれど、「暴れ川」って僕らも知らないところを言われたのは非常に嬉しかった。「九頭竜川知ってもらえたんやな」ということで非常に嬉しかったですね。

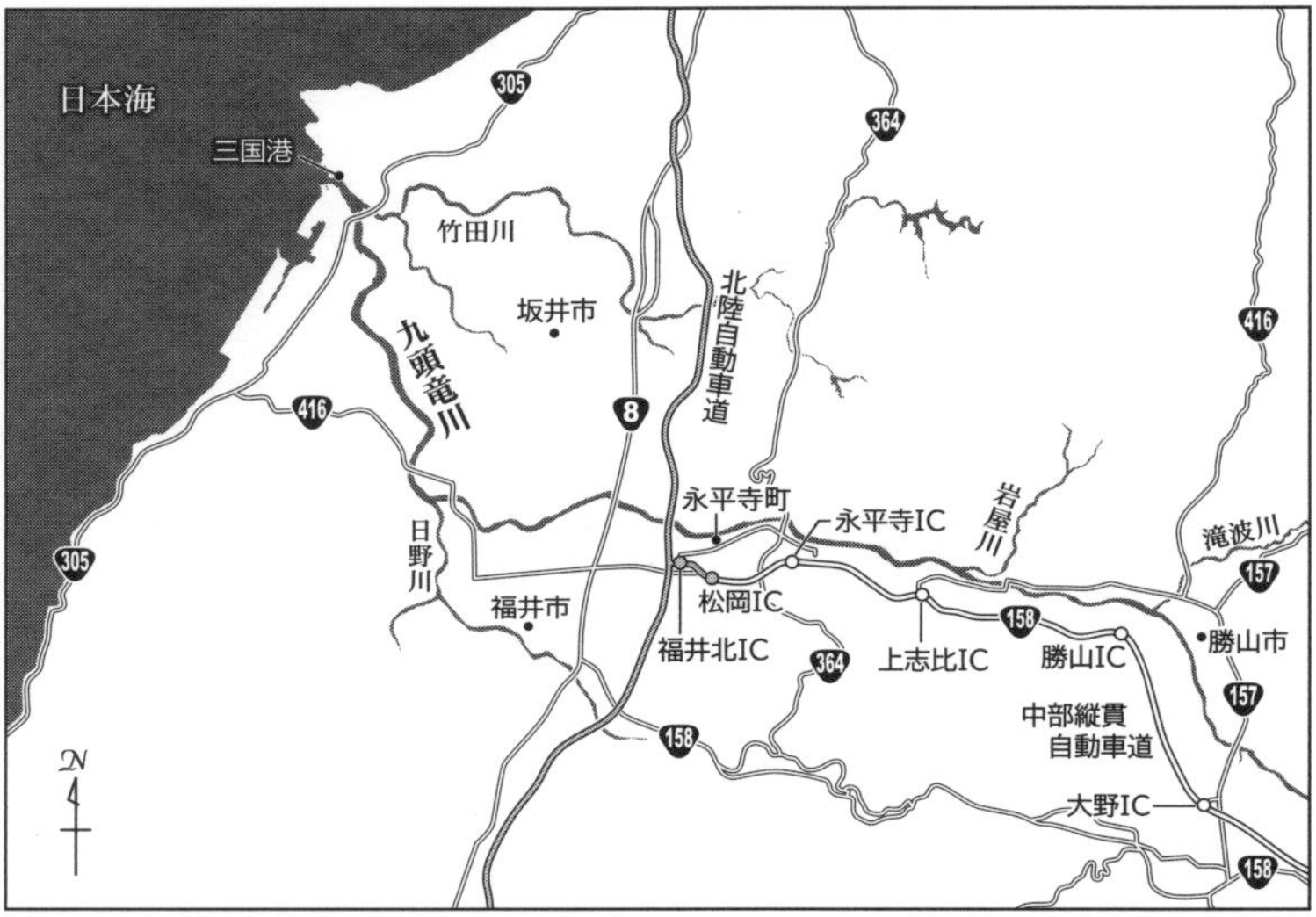

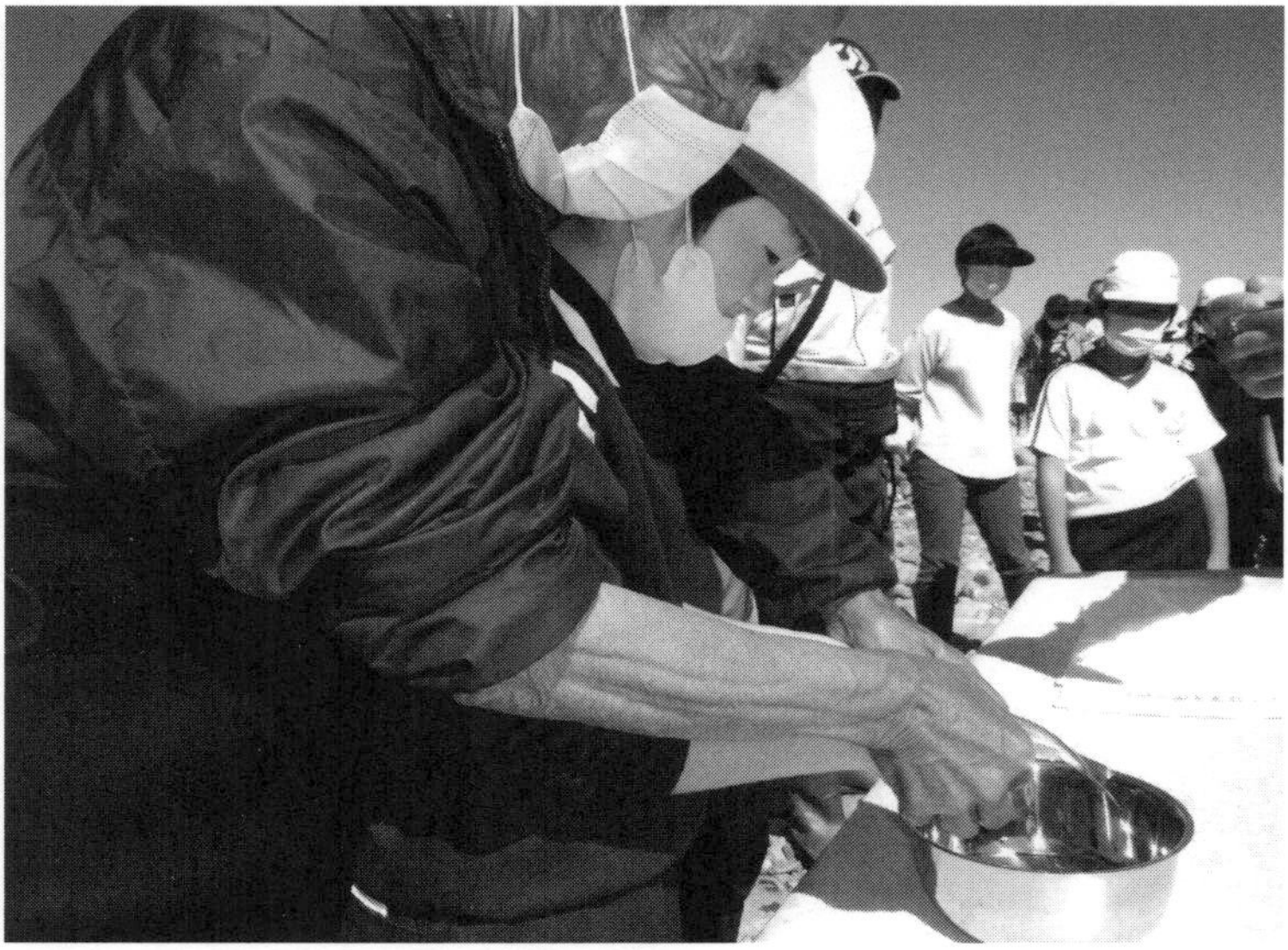

小学生によるアユの人工ふ化体験（九頭竜川中部漁協）

放流・増殖事業の最前線
自然の力をより活用して魚類資源を増やしていく

佐藤　先ほどの大澤さんの、長良川のアマゴ放流の方法を勉強させてもらったというお話について伺います。長良川は非常に水脈が多彩で変化があり、上流域に沢もいっぱいあって天然に近いよいアマゴが出来上がっている。どんな感じで放流されているんですか。

白滝　漁協は第5種共同漁業権をもらう代わりに、義務放流というかたちで増殖義務を課せられます。でも、国が今まで言ってきた増殖義務は、種苗生産の可能な魚種については種苗放流をしろと。できないところは産卵場造成をしろというようなことを指導されてきたと思うんですけど、それには本当に僕も常々疑問を持っていたんです。後で坪井さんから話が出ますが、先日センセーショナルな新聞報道（34頁参照）もあったんですけど、僕、間違っていなかったなとちょっと自信を持ったのはあれを見た時なんですよ。というのは数年前から稚魚放流、成魚放流をぐっと減らしたんです。その分まず1つめ増やしたのが発眼卵放流（中に眼が出来た状態の卵を礫《れき》に埋めて放流する方法）。今では一時の倍を超える数、23万粒とか、30万粒とかになってきていると思いますが、それプラス親魚放流（産卵期に充分に成熟した親魚を河川に放流し自発的に産卵させる増殖方法)、親魚ですね。ただこれとて所詮養魚場で人が作った魚ですから。そこでちょっと頭ひねってみたんです。オスとメスを入れたのでは養魚場で掛け合わせるのと同じですよね。だからメスだけ入れたんです。するとオスは川にいたやつが掛かり合わせて。よく遺伝子を戻す時に戻し交雑(交雑で作った雑種またはその子孫に対して最初の親のうち片方を再び交配すること)ってやるじゃないですか。その理屈で、少しでもネイティブな魚が増えるだろうと。

で、アマゴというのは、アユは放流してその年に釣果が出ますけど、アマゴは前年じゃなくて前々年に産んだ魚が1年新仔で通って翌年釣れるわけじゃないですか。ですから前の年とさらにその前の年の河川条件はものすごく影響するんです。そういった中でやっぱり水にも強く環境変化にも強くなるのは絶対にネイティブの魚に限るということで、今の方法に徐々にスイッチしてきてるわけなんですね。

ただこのセンセーショナルな記事が出たことによって、またもうひとひねりする余地があるし、坪井さんあたりの助言も得なきゃならんと。けど、おそらくね坪井さん、国の施策が、研究者の皆さんがやったことにすぐ対応せんのが日本じゃないかと僕は正直思ってるんですね。だからもうそんなことをかまわずに、やっぱり我々が、現場がよいと思ったことをやっていかなければいけないし、というつもりでなるべくネイティブな、ヒレの張った、昔ながらの魚を増やしたいなと。それとあとは種川。禁漁区にした川がうちは20何河

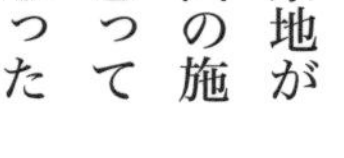

郡上漁協のアマゴ発眼卵放流

郡上漁協のアマゴ親魚放流

川かありますけど、一切放流をしないで自然に生まれてくる魚が本川へ出て来てもらう努力をしてると、おおよそそんなところですかね。

佐藤　この写真（前頁下）。これは全部メスなんですか？

白滝　これ親魚のメスです。ですから大きな淵でも本当に数尾ぐらいしか入れませんけど、それとあとは、オスがいてもなかなか産卵床を掘っていないところを見つけるんですよね。

佐藤　この発眼卵（前頁上）は養殖のなんですか。

白滝　そうですね。実はこの業者の選定と、大澤さんもだいぶ「地元の魚を」とやっていると思いますけど、そしてそこへの助言ですよね。たまには、わざわざ釣ってきた魚でもいいから親魚を育て直そうねとか、血はこうしようねとか、やりながら、今できる限りですけど考えてはいます。手間はかかりますけど、2年先を考えてやっているわけです。

佐藤　割と上流域の釣り場を抱えていらっしゃることで、和良川、郡上漁協に関してはそういう特徴がありますけれど、九頭竜川中部漁協に関しては中流域、福井の市街地にも近い流域を管理されていることもあって、ちょっと毛色が違うかなというころなんですけれど。それでもヤマメ稚魚を678kg、今年放流されている。そしてもう1つサクラマスが非常に大きなウエイトになると思うんけど、どのような放流・増殖を心掛けていますか。

中川　これはうちの自慢なんですけれども、そのあたり坪井先生からもお話あると思うんですけど、サクラマスに関しては、これから5月6月で親（魚）を確保して、それを育て

九頭竜川中部漁協の人工産卵場造成

て秋に採卵して孵化させてまた稚魚を得る、これを数十年やっているわけです。放流はすべてＦ1（異なる2つの系統の交配により生まれた第1世代目の子孫）。Ｆ2は今までないです。親が捕れない時は、どうかして網でも捕ってやろうと思うんですけど、おかげさまで釣り団体とうまく協力し合って親の確保と、内水面総合センターの協力も得て、採卵の孵化と稚魚の育成ということで、放流種苗はすべてＦ1で春だけで約1万5000尾と。で、なかなかそれがここ数年うまくいっていないという中で、じゃあ人工産卵場もずっと続けているんで、人工産卵場も手掛けようと釣り団体の方と一所懸命捌《さば》いて、大きい石は省いて、で、新たな小さい玉砂利をずっと敷き進めていく。
佐藤　これ（前頁写真）、支流ですよね。
中川　たぶん岩屋川、支流だけどこの産卵場所は九頭竜川中部漁協の管内です。こうした支流が3、4ヵ所ということで。ただ、今ちょっとネックになっているのが、10月が福井はすごい渇水になっているんですね。（産卵場を）作ったはいいが降水には恵まれなくて非常に苦慮している、親魚がなかなか遡らない中で、今年新たな取り組みとして、うちの中間育成施設で親魚を育てていて、食用のもあるんですけれど、今年採卵直前まで大きく育てて、それを各支流に、今度サクラマスを放流して経過観察しようかなと。効果もあるみたいなので、発眼卵の放流とも合わせて親魚を放した場合は、孵化率は悪いけれども強い子ができると。そういうことも聞いているので、まずはちょっと今年も新たなチャレンジということでやっていきたいなと思っています。
佐藤　今の親魚っていうのはヤマメですか。
中川　サクラマスです。陸封型がヤマメで、降海型もあるんですが、ほとんどが陸封で取り残されているんじゃないかという思いもあるんで。それに合わせて、また次々と新たな試みを考えていかなくてはとは思っています。
佐藤　ただ放流すればいいという問題でもないことが近年いろいろと分かってきました。坪井さんは渓流魚の増殖に関してはいろんな研究をされていると思うんですけど、御三方

の取り組みを聞いてどんな感想をお持ちですか。

坪井　今日に限らず何度もお会いしていろいろお話しさせていただいている中で、僕も現地でやってることを勉強させていただいてますし、皆さんの取り組みについてもコメントさせていただいている中で、情報のというか脳味噌の共有というか、すごくできていて、仰るとおりのことをやっていただいているなと思ってるんですけども。やっぱり先程の組合長さんがイワナもヤマメも区別が付かないっていう時代から、情報がアップデートされていない組合さんもすごく多い。むしろそっちのほうが多いと僕はいろいろ現場を回らせてもらって感じていて。こういう先進的な取り組みがどんどん水平展開されていくように僕も動くつもりですし、最後に出てきたサクラマスについては、特に難しい。もう1990年代から、放流だけで増やすことはほぼ不可能っていうことが指摘されていて。そういう中で今になっても未だにその放流の効果がやっぱり疑わしい、かなり限定的だろう、むしろ効果が低いっていう中で、じゃあ野生の魚を夏を越させてとっておいて、秋に(卵を)産んでもらおう。そこにはもう産卵環境が整備されていてっていうところであれば、野生の魚で天然の川で産んでもらって、天然の水温とか水の冷たさとか、そういった自然環境を魚たちに経験してもらうことが大切なんでしょう。1年以上いるんですよ、1年半。秋に卵が産みつけられるじゃないですか。その翌春に孵化してまる1年後に海へ行くんですよ。なので川にやっぱり馴染んでなきゃいけないし、その後大海原に出て、回遊をして、越冬ならぬ越夏っていう夏を越す場所がオホーツク海って言われているんですけども、オホーツクに移動してまた帰ってくる。こういうダイナミックな動きをするわけですよね。これは申し上げにくいんですけど、放流魚には無理なんですよね。どうやら無理っぽいんです。ですからやっぱり、こういう自然に生まれた天然の魚じゃないと、野生魚じゃないとしんどいんだろうなっていうところです。

アマゴでもそれは一緒でしょうし、できるだけ野性味の強い状態で、白滝さんおっしゃった親魚に産んでもらって、卵は生まれた瞬間からそこの環境で淘汰というか自然の環境にさらされて、生き残ったやつだけが親になる。で、僕らを楽しませてくれるというわけです。メスは養殖魚由来でもオスは地の魚っていうところで言えば、より野性味が強いでしょうし、そういう自然の力をより活用して、増やしていくのが今後の主流になってくるんだろうなと思います。

鈴木　坪井先生、サケも年々小型化して戻ってくるのも減って。

坪井　すごく答えにくい質問をありがとうございます（笑）。

鈴木　同じサケ科の魚なんでぜひ知りたいですね。北海道には毎年行きますけど、やっぱりサケだけが彼らにとって大事な魚で、イトウもヤマメも内水面の漁業関係者にとっては害魚だっていうぐらい。

坪井　駆除してるんですよね。アメマスとか。

鈴木　想像できないですよね。

坪井　昭和の話じゃないですよ、令和の今やってるんですよ。僕らはいろんな釣りをするじゃないですか。

鈴木　今です。北海道行かなきゃ分からないと思います。（でも漁業関係者にとって）サケだけなんですよ大切なのは。それ以外全部害魚というような状況なので心配です。サケをあれだけ一所懸命やってて、でも年々帰ってくる魚が減ってきている。どんどん小さくなってきているというのはサクラマスと同じようなこともあるのかなと。

坪井　だいぶですね、僕の心拍数が上がってるんですけど（笑）。そうです、仰るとおり全部正しいです。サケも結局ウライっていうヤナが河口すぐ近くにあって、そこで捕獲するわけです。そうすると河口ですでに成熟している早熟のやつしか子孫を残せないわけですよ、孵化場で。どんどん小型早熟化っていうほうにアクセルが踏まれていくわけです。でもそれっていうのは、先程自然選択って言いましたけれども、自然界ではダイナミックにもっと上流のほうまで行くわけですよね。そういう個体って結構遡上力が強くて大きい魚だったりするんですよ。そういうやつが軒並み淘汰されていくわけです。自然の淘汰ではなくて、養殖場の環境に合ったやつだけが選択（実際の発言は「淘汰」）されていくんです。それがまた野に放たれる。生きていけるわけないじゃないですか。人間がセレクションを勝手にかけて都合のいいようにやってそれを放すわけですよ。これはうまくいくはず

ウライに掛かったサケ

がない。

鈴木　前に聞いた話で、新潟の村上の魚（サケ）がずっと上（北）まで行って北海道のオホーツク回って降りてくると。で、北海道の人たちが村上の人たちから「村上から降りて行った魚が北海道で捕まるのはけしからんからそのぶん補償しろ」とか言って、北海道の人たちが補償してたという話もあって。村上の魚はウライが河口の近くじゃなくて、かなり遡ったやつを捕まえているので、そこは違うらしいんですよね。そういう解釈でいいですか？

坪井　そうですね、これは生態的な話ですけど、遡上っていうのは魚にとってみればコストなんです。しんどい流れに逆らっていかなきゃいけないんで余計なコストなんですけど、じゃあそれだけのコストを掛ける利益・リターン・ベネフィットがあるわけで、上（流）のほうほど水温が低いし冷涼な環境が好きですからね、サケは。あと敵が少ないです。卵を食べられちゃう率が低いんです。だから上り詰めたがる。その魚本来の生き様を守っていくような試みというのが今後必要なんじゃないのかなと思います。最近その北海道で、どこかは言いませんけどアメマスを駆除している東のほうですよ。あのへんも必要量を確保したらウライをかなり早くに取っ払って（サケを）上がらせるみたいなことをやってますし、千歳川なんかは、今2月ですけれども、まだ産んでいるやつがいるくらいです。本当に産卵期が長くて、年明けの群れがけっこう主群だったりするんです。なぜなら、年明けぐらいにウライが外されるから。だからそのくらい天然魚が大切で、しかも秋には、すぐ近くまで来て漁獲されてるっていうんですよ。遅くにベーリング海から戻ってくるわけではなくて、かなり早くに沿岸までは来ている、漁獲の対象になっているというところで、不都合な真実ばかりなんですけれども、やっぱり天然の力を無視するわけにはいかない。今、痛いしっぺ返しをくらってるのかなっていうところ、過渡期だと思ってます。

鈴木　これから昔みたいに、天然で遡らせて産卵させるってやつを多くしていかないと。

坪井　そういうスタイルになっていくんだと思いますね。

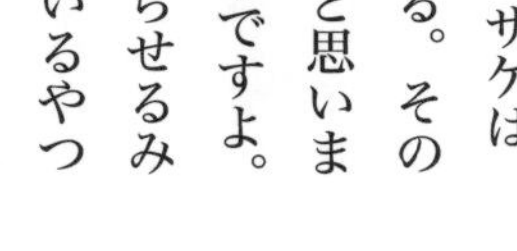

放流しても魚は増えない!?

論文「在来種の意図的放流は生態系の安定性を損ねる」の衝撃

佐藤　今まさに北海道の話が出ましたけれども、つい先日、2月9日の北海道大学のプレスリリース「放流しても魚は増えない～放流は河川の魚類群集に長期的な悪影響をもたらすことを解明～」。論文が発表されて、すごい学会誌に掲載されたんですよね。

坪井　PNAS（「*Proceedings of the National Academy of Sciences*」米国科学アカデミー紀要。1915年に創刊された米国科学アカデミー発行の機関誌）ですね。照井慧さんっていう研究者で、今アメリカの大学で教鞭をとってらっしゃる方なんですけど、これはたぶん水産の関係者の中では、「こんなことはけしからん、何ていうやつだ」と思ってらっしゃる方もいるかもしれないですけども。実は、彼は同じPNASに3本も論文を掲載しているんです。そして3本目（の論文）がこれなんです。超優秀なんで、彼は。第2作目は何だったかというと、種沢（主に川の上流域にある渓流魚などの供給源となる沢）です。種沢の大切さ、リバーネットワークというのが重要単語になってるんですけど、本流があって支流があって、もっと小さな支流があって細流があってみたいな、網の目状に川が張り巡らされているんですけど、そういうふうに隅々まで遡上できる環境ほど生態系が安定するというのが彼の2作目。これはたぶん全員が「おお、そうだそうだ」となると思うんです。ですから照井君もまだ30代半ばの超若手なんですけど、相手を困らせようと思って言ってる訳じゃなくて、こうなんだという確信を持って言っている。で、川をよくしたいって思っているということをまず皆さんにお伝えしたいということです。やっぱり自然の魚が、天然の魚が毛細血管の隅々まで行ける環境を作ってあげるのが大切で、今、盛んにされている「何か増えないな、手応えないな」って思っている種苗放流（一定の大きさになるまで人工的に育成し、ある程度成長してから放流するスタイル）が、実は魚を増やさないどころか減らしてたっていうところは、僕もそうですし、水産庁も反省しなきゃいけないところかなと思います。

佐藤　この図（次頁）、説明できますか。シミュレーションと実証ということですけども。

坪井　彼の強みはそこなんです。彼ですね、以前から知り合いなんですけども、英語と数学ができないと世界では戦えないってことで、英語はもちろん勉強しているから、アメリカで大学教員をやってるんですけど、コンピューターシミュレーションもすごく得意で。でも、シミュレーション屋なら世の中に天才って一杯いるんですよ。で、そういう天才どもがやればいい話なんですけども、この、シミュレーションの後に続く実証っていう部分ですね、ここがすごく大切で、このシミュレーションと実証が一致しちゃってるっていう

B

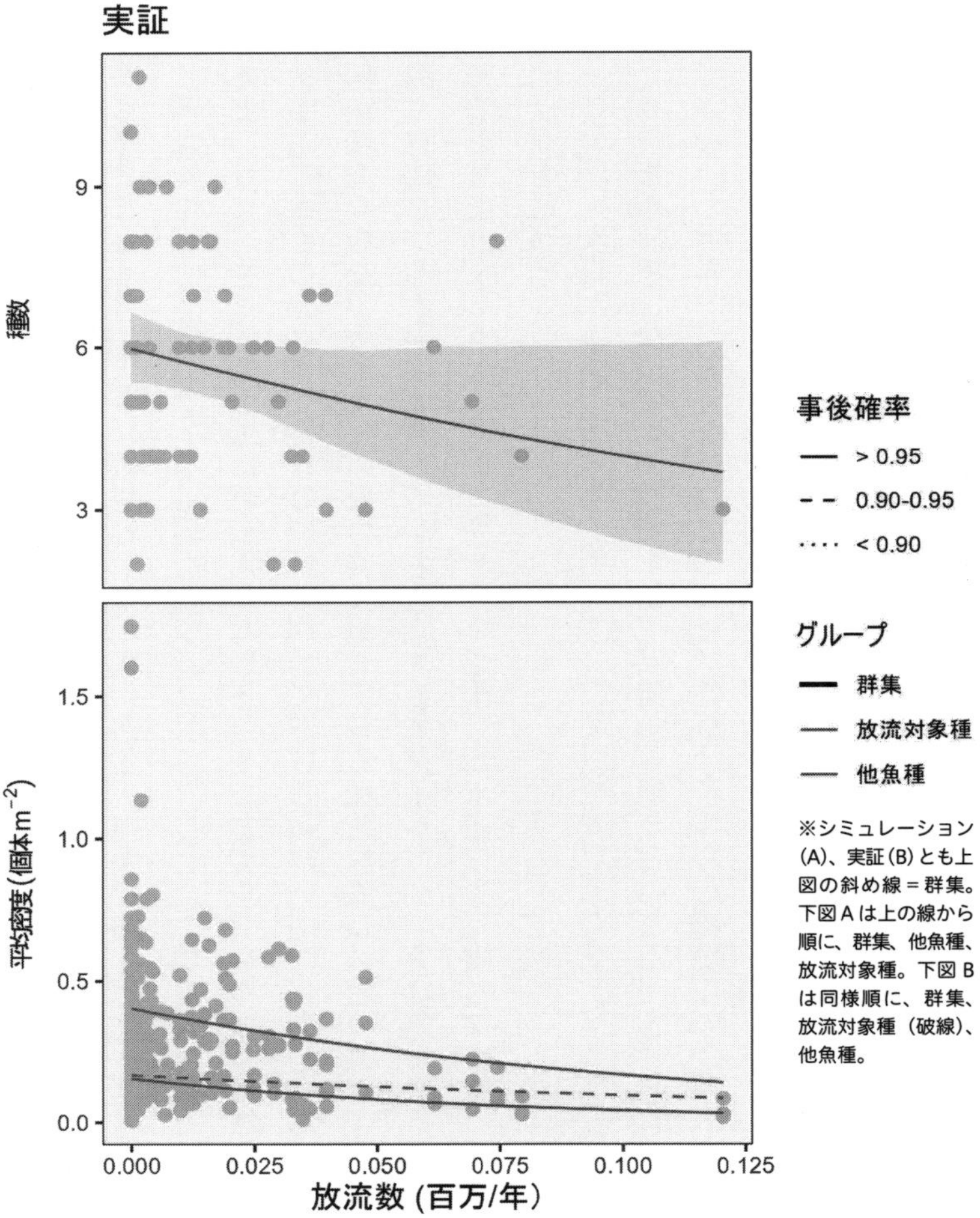

※シミュレーション(A)、実証(B)とも上図の斜め線＝群集。下図Aは上の線から順に、群集、他魚種、放流対象種。下図Bは同様順に、群集、放流対象種（破線）、他魚種。

出典 Akira Terui,Hirokazu Urabe,Masayuki Senzaki,and Bungo Nishizawa.(2023) Intentional release of native species undermines ecological stability. *Proceedings of the National Academy of Sciences* 2023 Vol.120 No.7 e22184044120
※論文名和訳「在来種の意図的放流は生態系の安定性を損ねる」

A

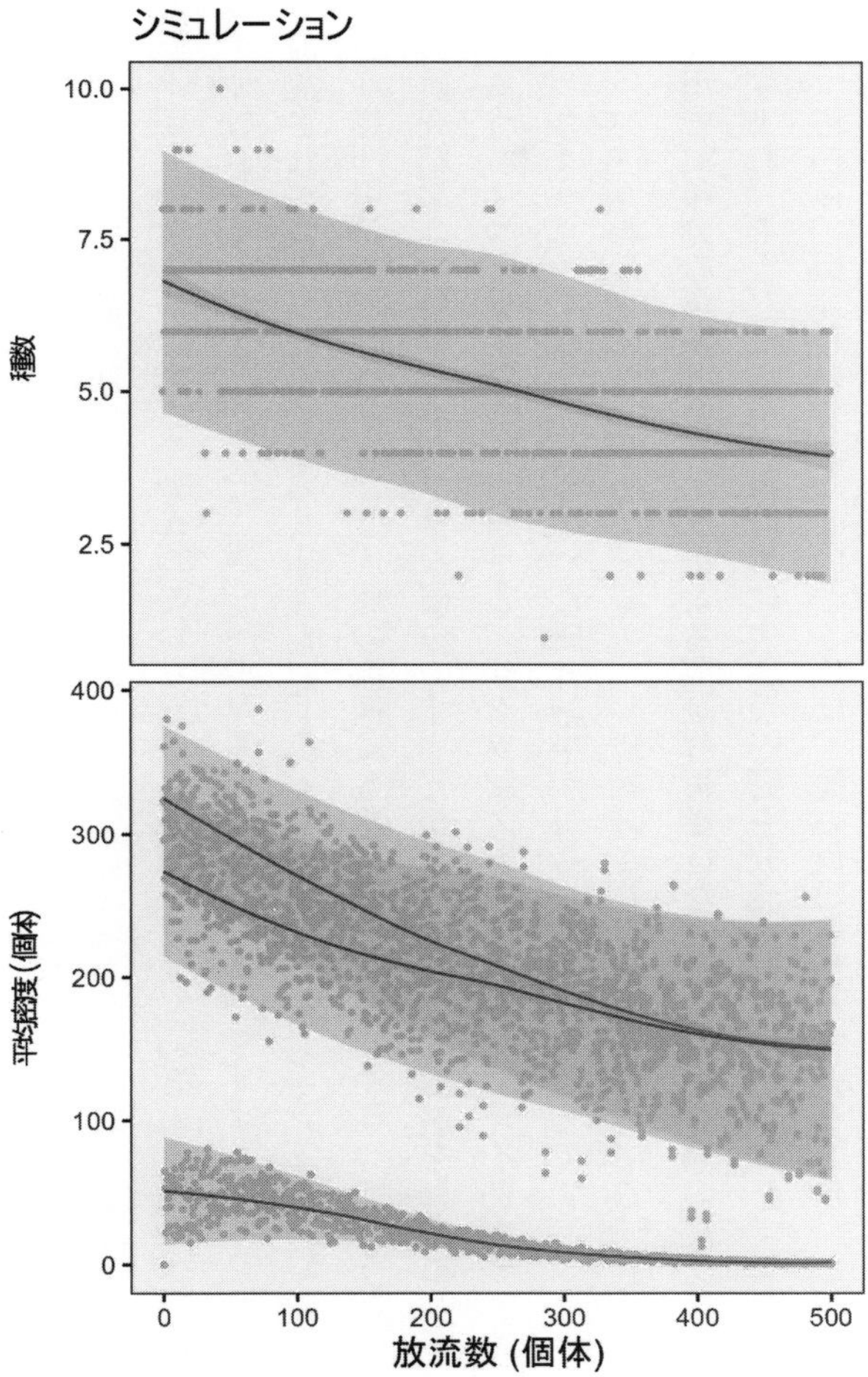

放流数が魚類群集の種数と平均密度に及ぼす影響。シミュレーションによる結果（A）と実証データに対する統計モデルによる結果（B）を示す。
（グラフの日本語訳と上記文＝北海道大学プレスリリースより。※部分は、グラフが本書ではモノクロ掲載のため、つり人社書籍編集部による補足）

のがお洒落な感じなんです。だからPNASに載るんです。誰も何も文句は言えないっていうところなんですね。やっぱり、横軸がですね、左側の横軸はシミュレーションでの放流個体数ですけども、右側の横軸が実際の北海道で各河川で放流されているサクラマスの放流個体数です。放流個体数が多いほど、川にいるサクラマスが減ってしまうっていう、右肩下がりのところは恐らく分かっていただけると思います。あともう1つ、青色のグラフですけれども、「他魚種」って書いてあります。ここも強烈ですよね。サクラマス以外の放流されていない種まで減っちゃうんだというところは、やっぱり、「魚類群集」なんていう専門用語で言われますけど、他の魚種にも悪影響が及んじゃうっていうところが今回の研究結果の一番ショッキングな部分です。だから、これは北海道を舞台にしているので、もうちょっと分かりやすく言うと、サクラマスを放流するとエゾイワナ・アメマスまで減っちゃうよってゆう、そういった研究結果が得られたということです。

佐藤　かいつまんで説明すると、シミュレーションによる理論分析が左で、全道の保護水面河川で21年分の魚類群集データによる実証分析を行なった結果が右側のグラフということですよね。そうしたら全魚類群集に大きな影響を放流された魚が及ぼしてしまうと。

坪井　だから、照井君のすごくよいところは、他の魚類群集っていうのは、さっきの流域ネットワークの話にも入ってるんですけども、ウグイとか、フクドジョウとか、釣り人であれば外道というかぶっちゃけた話どうでもいい種ですよ、そういうところにまで影響が及んでいて、でもそれは生態系の一員としてなんかヤマメとか、イワナと何らかの形で関係しあっているわけで。カジカだって、ドジョウだってそうじゃないですか。ああいった魚も絶対影響し合ってるはずなので。川の賑わいをどうやって守っていくかっていうのが彼のメイントピックなんですね。これぐらいのインパクトがあると、新聞とかニュースでも取り上げられますけども、そこまではインパクトはないんですけれども、僕らの中で結構重要だっていう情報とか論文とかが一杯あるので、そういった情報を漁協の皆さんにもより知っていただきたいなという思いはすごくあります。

鈴木　すごい身近な話でいうと中川さん、九頭竜川は、ダブルハンドのフライフィッシングでサクラマスを釣るのが夢の場所でしたよね。あの時も放流をしてたんですか。

中川　放流してました。

鈴木　その結果がだんだん悪くなっていったということですか。

中川　さっきの坪井さんのお話じゃないですけれども、この受け入れのキャパ、これはどういう川の規模で調査したのかは分からないんですけれども、結局放流＝ダメ、これだけが独り歩きすると、うちらも増殖・放流をしている中で、これだけが捉えられると大きな問題もある。というなかで、何ヵ所かありますけど、この交雑に関してはうちは親魚は九頭竜で捕って孵化させて、それのみを放流して、それを今、福井県内の各河川に提供して、もうアマゴは入れないと。他の河川から持ってこないようにしましょうと。そういうことでうちが中間育成施設で育てたのを各漁協さんに販売している状況ですね。ただ、先程サケのお話がありましたよね。自然のほうが強い、放流魚は弱いというなかで、4月にね、いつも僕、アユの遡上調査、水中カメラつけてビデオ撮影するんですけど、それで魚道を登っていくのを見ていると、「これアユです、これもアユです、これサケです、サケです、サケです」ってね。アユよりサケが多いんじゃないかって冗談で言っているんですけれども、今の話、やっぱり自然が一番強いのかなと思いながら、あまりにもこうサケが。

坪井　これ何かやれないですかね。僕、今栃木県に住んでるんですけど、那珂川でもそうなんです。那珂川のアユの遡上調査で、投網を投げれば、サケも結構入るんですよ。川を遡上するアユと、川を下るサケ。この行き来を、梅や桜を見ながら投網を打つと、なんて豊かな川なんだと。やっぱり川と海が繋がってるんだ、水は栄養塩とか土砂も含めて上から下にしか行かないですけど、唯一魚だけは遡上してきますからね。この辺のダイナミックな自然の営みを、地域の皆さんにお伝えしたいなとは思います。

中川　だから今、サケがどれだけ遡っているのかも、さぎり漁やっても分かってるんです。（サケが）縄ついて来てるよって、邪魔すんなよって、それだけはやかましく言うんですけど。ここ10年ほどサケ漁に関しては全然携わってないんですけれども、ちょっと調査をやりたくて今県のほうに特別採捕の申請を出しているんです。まあ調査のための調査というんで、新潟・富山・石川も全部そういうことやってますよね。一体どれだけサケが遡っ

鳴鹿大堰。坂井市丸岡町と吉田郡永平寺町にまたがる可動堰

ているんだということで、もう一度サケのほうにも目を向けながら。それと合わせてサクラマスのそういうお話の中でもう一度少しずつ。

鈴木　鳴鹿《なるか》の堰堤（鳴鹿大堰）なんかは普通に上がっちゃうんですか。

中川　上がります。

鈴木　市荒川のところも？

中川　はい。

鈴木　生まれた稚魚はちゃんと降りるんですか？

中川　そこが、この鳴鹿大堰（がネック）ですよね。これがアユにもちょっと大きな問題を及ぼしていまして。

坪井　アユのほうがでかいと思います。白滝さん、そのへんどうなんですか、長良川って。淡水域、緩い水のエリアをいかに早くアユに降ってもらうか。もちろんサツキマスもそうですけど。

白滝　川に構造物があるかないかでは、ないほうがいいに決まってるという原則論の中で、いつかは何とかなるでしょうけど、とりあえず今あるものはあるものとして受け入れる中で。たとえば今でしたら（独法）水資源機構、建設当時は水資源開発公団ですが、管理署といかに仲よくやるかということに尽きると思うんですよね。つまり彼らの力を最大限魚のほうに目を向けてもらうことが大切で。長良川の場合ですと、たとえば一番問題あるのは降下だと思うんですよ。遡上はともかく降下。特に汽水域がなくなって、一気に海水が入るという状況での降下なんですが。今、これで充分とは言いませんけど、やっていただいておるのが堰の可動部分の魚類支援操作というもので。アユというのは遡る時は岸寄りを遡るんです。降る時は澪筋《みおすじ》（流心）を……降るっていっても流されるだけですから、澪筋にいかに流速があるかということだと思うんですが。ですから秋口、産卵が始まる頃から、冬場にかけては堰全体の真ん中を、堰のゲートを下げてもらってます。そして真ん中を流れるようにしてもらってます。

鈴木　下を開けてるって話もあるけど。

白滝　いやいや、それができたらもう開放ですよ、それは会長、究極の我々の目標ということで（笑）。で、遡上時期にはアユは両側の呼び水式魚道とせせらぎ魚道を一番遡りますので、逆にセンターを上げて両側にたくさん水を流す。そして遡るということで、一応

長良川河口堰。三重県の長良川河口部に治水と利水目的で作られた堰

そういうことをやってもらってますし、あとは我々が行なっている。やっぱり少なくても、どれだけでもアユを増やしたいということで今1億粒ぐらいなんですけど、流域の7つの漁協がタイアップして人工授精させて、堰と関係のない河口堰の横に作られた人工河川に追加しながら、生まれたらすぐ伊勢湾に入るという運動をやってます。

鈴木　その場所は汽水域？

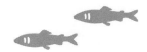

白滝　孵化するところは天然と一緒で淡水域です。入ったところは徐々にこう潮が差してくる汽水域ではないですけど、長良川の水が入ってすぐのところですから半汽水のようなところですね。それから会長が今言われた、遡上するからこれ絶対河口堰開けているぞ

というのは、実際開けているんです。というのは、やっぱりあの堰を維持するためには時々フラッシュバック操作、特に水位が高くなって、今河口堰の唯一の存在目的が治水ですから、逆流なんかしてもらっても具合悪いですから。そういう時には堰の保全のためにも全ゲートを開放します。また水位が落ち着いたら戻すということで開けてはいるんですが。やっぱりただ遡るほうはね、なぜか木曽三川の中で長良が一番アユが集中するんですよ。これは昔から漁師はこう言っておったんです、「長良の水は甘いから来るんだよ」と。その「甘い」の意味がようやく分かったんですが、水温が木曽三川で一番早く上がるんですよ。そして、海水温とマッチングした時に一気に遡上を始めるということなんですが。そういうことで、あるものはよしとはしてませんが、あるものとしながら、少しでも、魚に優しい操作をしてもらうしかないというのが今現在のところです。

鈴木　流下仔魚（川で孵化してから海に流れ降る仔魚）の時期に合わせて開けてもらっているということですか。

白滝　違います、流下仔魚の時期に、たまたま増水があれば開けますよということです。遡上時期でも一緒なんです。だから9～12月、せいぜい10、11月だけでもいいんですが、この2ヵ月と4月5月、あるいは3月4月、開けてもらえるなら、そうしたら河口堰なんぼ作ってもらってもいいという世界なんですが、あまり僕が深くコメントしますと明日からまた電話番が大変ですので……（笑）。

サツキマスの遡上問題
膨大な放流量に対して遡上尾数が非常に少ない謎

佐藤　話がアユのほうに行っちゃいましたけどサツキマスはどうですかね。最近あんまり長良川、サツキマスよくないという話もありますが……。

白滝　全然だめ。だめだから、京都大学の准教授で佐藤拓哉先生、彼がサツキマスをここ数年一所懸命やってくれてまして。去年、一昨年でも、今はサツキマスだけという意味で、調査するのは河口域で長良川の下流の漁協が1トンあまりシラメばかり入れてるんですよ。1トンですからすごい量です。20㎝ほどの、けど、どうも遡らないと。ではといって標識放流（放流する魚の魚体に目印〈標識〉を付けて元の環境に戻し、再捕獲時に情報を得ること）を、アブラビレを切ってやったんですね。僕もたまに手伝いに行きながら見ていて、下流の人に「これどこで持ってきた魚だ」と聞いたら、岐阜の魚だよと。「岐阜のどこだ」と聞いたら、ちょっと僕はその時首を傾げたんですが、飛騨方面のアマゴであったり。長良川水系の養魚場で育てられたアマゴじゃない魚が多いんですよ。あ、ちょっと待てと。じゃあ僕は「長良川のアマゴを持ってくるからやってよ」って言って、実は去年

シラメ。降海に備えて魚体が銀色に変化したアマゴ

の秋に郡上の養殖業者が吉田川の支流の水で飼ったアマゴを200kg持ってきましたわ。それは通常の標識と違って佐藤先生にお願いして、僕らではできませんので蛍光タグを打ってて。

坪井　蛍光エラストマータグ、刺青みたいなものです。

鈴木　よく観賞魚でやってたやつ？

坪井　それそれ。

白滝　それでやってもらって、来年楽しみなんですが、ただ僕はもう1つほかに原因があると思って、実は数年前から注目してるんですが。岐阜県というのは海なし県じゃないですか。サツキマスが育つのは伊勢湾じゃないですか。愛知県・三重県なんですよ。僕はあの海の中が自然的に狂っているのか、あるいは人為的な何かが働いて減っているのか分からんですけど、明らかにそこで減耗していると思うんです。じゃなかったら無理にでも海に押し出した魚がそこで死滅するわけないじゃないですか、どう考えても。そういうことを考えながら、これは県に対してもやっぱり広域的な調査もお願いしながら、佐藤先生にもいろいろ頭をひねってもらって。この採捕調査も伊勢湾の中においても、釣り人がルアーで釣るやつについては調査してもらうように。先般僕はある釣具店でトークショーをやったんですけど、佐藤先生も来ていただいて、その会社が三重県の会社で、お店の人も協力して「うちの釣り人みんなサンプリングやるよ」と言って。サンプリングも、今、遺伝的なものを見れば、ヒレの先っぽだとかウロコを見れば全部その出どころから何か分かるし、特にタグの有無はよく分かるものですから、進めてもらっているんですが。さあ、これが「放流しても魚は増えない」が出てきましたので、いっそかまわないほうがいいのかと。ただ、かまわなくても、実は佐藤拓哉先生の研究の一端で、僕、去年一昨年と冬場にアマゴ釣りしてるんですよ、特別採捕（許可）を取って。シラメはどれだけ釣れるかということで、郡上の大和地内でエサで釣ってみるんですが、ほれぼれするようなシラメは一杯いるんです。ある時淵がシラメだらけで真っ青な背中したシラメが、次の日にいなくなったと思ったら2つぐらい下の淵で同じ群れがいるんですよ。ですから群れで降るわけですね。そのシラメになった銀化(サケ・マス類でパーマークなどが薄くなると共に魚体が銀色に変化した状態）したアマゴがね、そういう状態がある以上、サツキはこのへんで手を加えないほうがよいのかとちらっと思い始めて。そのへんをまた先生方の見解を、どういう風に（するのか聞いてみたい）。

坪井　北海道の孵化場の方が、「サクラマスには手を出すな」と、「自然に任せろ」という格言を残されていて。孵化場の方がですよ。「あれは増えん」っていうのの裏返しだし、照井くんの論文の結果をなんとなく感じてたんじゃないか、やらんほうがいいんじゃないかっていうことを感じてたのかなという格言でもあるのかなと思っています。

白滝　いやこれは深いですよ。

坪井　渓流魚はね、特に海に行く系は。和良川1つ取ったってやっぱり、ダムに行ってまた戻ってくるとか、そういう個体もいるでしょうし。

鈴木　（和良川の）あのシラメは戻ってくるの？

大澤　戻ってくるんですよね。（和良川は）木曽川の上流になるんですけど、うちの下流にダムが連続していくつかありますので、完全に閉鎖されている状況なんですけど。うちで放流したものが降っていって40㎝超えるような個体になって帰ってくるんですけども。

白滝　アユの時期によう大澤くんようこんなの釣っとるもんな。

大澤　友釣りの時にお客さんがオトリ食われたりしていて、魚体見てもすごい、もう長良マスと変わらないようなきれいなやつもいますし、痩せちゃってるやつも。いろんな種類がいて、どこでそれだけ生活して戻ってくるのかってこともなかなか分からないんで……。

坪井　奥深いんですよ。

鈴木　稚魚放流したやつ？

大澤　それがですね、すごいきれいなのは小さいものから育ったやつだと思うんですけど、20、30㎝で放流したものはやっぱりちょっとスリムで顔つきもちょっと違う系統がいますんで。2種類いるんですけれども。

坪井　またね、そのダムに行って戻ってきたやつはメスだった場合は卵数も多いし、オスだったらメスをめぐる競争にも強いもんですから繁殖能力は高いんですよね。で、ダム湖に降ったたっていう性質って遺伝するんですよ。またそういったものが戻ってきてくれたりするので、もしそういう魚がオトリを食べちゃって困るなら別ですけど、邪魔じゃないなら、宝くじの大当たりとして、漁協でも推していくんだったら、やっぱり積極的にＰＲするべきだなと思いますし、そういう魚こそ、今言ったような理由で、遺伝的に優れた能力を持っているのでキャッチアンドリリースしてあげるといいんじゃないのかな。

鈴木　もう売りだね。

坪井　別種ではあると言われていますが、ビワマスがね、アマゴと一緒のところで、天然降湖型じゃないですか。なのでアマゴもダムを海に見立ててサツキマス様になって戻ってくるっていうのは容易に考えられるし、それが今いて、しかも太ってて。たぶん和良川のポテンシャルが高いからだと思いますけども、それはやっぱり大切にしていきたいですね。

　ちょっと、いろいろ話したいんですけど、サクラマスとサツキマスって、ヤマメが降ったものがサクラマスで、アマゴが降ったものがサツキマスですけれども、降る時期が違うんですよ。サツキマスは、秋に降るんです。冷たい川での越冬が必要ないんですよ。海に降って暖かくなったら戻ってくる、川が寒い場合の越冬降海なんですよね。で、春にすぐに戻ってくる。だからサクラマスよりも若干小型なんです。でもたった半年で40、50㎝になるんだから大したものだと思うんですけど、そういう違いがあるんです。それで、世界的に見て、秋に海に降るサケ科魚類ってすごく珍しいんです。大抵春なんです。サクラマスも春だし、サケだってカラフトマスだって春。だから秋降海ってすごく珍しい、日本ならではの宝物なんです。そのサツキマスについてですが、秋の終わりにシラメが出る、銀化した個体までは弾があるわけですよね、長良川では。降海直前の魚って、餌をめちゃくちゃ食べるんですよ。だって浸透圧を調整しなきゃいけないですから、海に適応しなきゃいけないので、体力をつけなきゃならない。だから釣られやすいっていうのもあると思うんですけど、でもそれが10分そこそこで調査に必要な個体数が確保できて、もうこのへんでやめておこうかっていうくらい釣れるってことは、昔ほどはいないとは思うんですけれども、今でもそこそこ充分に魚がいると思うんですよね。だから伊勢湾に問題があるってのは間違いないと思います、僕は。

ただ、これは海の問題ってどこでもそうだと思うんですけれども、たとえば日本海とか伊勢湾とかいう環境を変えるってゆうのは、もはや人間の力では無理なので、やっぱり降る数を増やしあげよう、そこに注力するしかないのかなと思うんです。ただ、固有名詞を出してあれですけれど、佐藤拓哉君、超優秀なので、何か閃いてくれるんじゃないのかなと思ってますし、海なら海でですよ、伊勢湾のどこで減耗しているのかとか、降海直後なのか遡って来る時なのか。たぶん前者なんですよ。やっぱりより小さいので。浸透圧の調整前後ぐらいで何か不具合が起きてて、そこだったら、それこそ水資源機構の河口堰の方々とも協力して取り組める部分はあると思うし、まだ何かできることがあると思う。アプローチの仕方はあるんじゃないかと思って期待してます。期待している一方で、遡上尾数が異常に少ないですね。めちゃめちゃ少ないじゃないですか。

白滝　そこなんだよね、やばいよ。費用対効果考えたらどうなる。1尾10万円１００万円の世界になるよ（笑）。

坪井　本当に、ね。我々は水産の分野なので、生態の分野じゃないんですよ、やっぱりペイしなきゃいけない部分、お金のコストの部分があるじゃないですか。そこはちょっと落ち着いて考えなきゃいけない。本当に海でなんともならんっていう風になったら、やっぱり様子見で、放流をやめてみる。自然に任せるっている部分で、発展的休業じゃないですけれども、その分アマゴの保全に注力するとか。注力の仕方、エフォートのかけ方を変えるっていうところまではいけるんじゃないのかなと思ってます。

白滝　とにかく坪井先生、それから佐藤先生にこのことは的確な助言をいただきながら進めていきたいのでどうかよろしくお願いします。

坪井　でもね、なかなか敵は強いですよ、サツキってなかなかですよ。まだアユのほうが水辺にいてくれて砕波帯、すぐ岸に近いところにいてくれるのでいろいろなアプローチはあるんですけども、サツキとサクラはね、なかなかですからね。でも蛍光標識などされてるということで何かたぶん分かってくると思うんです。

白滝　相当膨大な数でやってますので、少しはそれでつかめるものがあれば。

釣り人の協力と弾力的な運営で資源確保を
C&R区間、バッグリミット、成魚放流情報の周知……

坪井　この間の釣り学会でもキーワードがあって、「アングラードリブンサイエンス」っていって、ドリヴンはドライブですね。ドライブの過去分詞形なんですけど、要するに釣り人が駆動させる科学っていう意味で、釣り人の協力なしには科学は前に行かないだろう、特に魚のことに関してはっていうところで。やっぱり釣り人も一緒になって何とかしていこうじゃないか、どうしてこんなに魚が減ってるのか、どうしたら増えるのか、それを一緒になってやっていくという意味では、本当にこういう企画があってすごく嬉しいなと思います。

（※補足「釣り学会」＝坪井さんは前日まで、オーストラリアで開催された釣りの国際学会に出席。20か国以上の研究者と魚釣り・釣り人の科学についての知見を共有）

佐藤　今おっしゃっていただいた釣り人との協力態勢というところでいうと、水産庁から「いつも魚にあえる川づくり」という資料（次頁）がつい先日配られたんですけど、ここに、誰が何をすればいいかという項目があって。漁協は上流域に禁漁区やキャッチアンド

『いつも魚にあえる川づくり』（水産庁）表紙

リリース（C&R）区間を増やして魚を増やす、そして釣り人もここに入ってるんですね。釣り人は釣獲日誌で漁場の状態を知る。川の巡回や看板設置で漁場を見守るとかですね、この水産庁の資料の中にも釣り人が組み込まれているわけです。いろいろ放流したら魚は増えないと。じゃあ放流しないでどうやって魚を増やしていくのかというところでいったら、特に川の上流域の大澤さんの和良川とかもそうですけども、今後どういう取り組みをしていけばいいのかというヒントは書いてあって、魚を残して増やす、C&R区という。今、限られた資源をどんどん釣っちゃたらどうしても減ってしまうので、これを節度あるものにしなければいけないと。このへんはやっぱり会長、

C&R区というのは今後主流になってくるんじゃないですかね。

鈴木　（公財）日本釣振興会ではこれまで膨大な数の魚を放流してきて、本当にその効果があったのか実証しろと言われましてね。淡水魚の場合、稚魚放流して15㎝の釣り対象になる、卵放流して15㎝になる、それまでのコスト、そして何尾釣れるかなど、いろいろ調べていった結果ですね、一番いいのは親魚放流。さっき言った、メスを放してその川にいるオスと掛け合わせてできた仔っていうのが一番いいだろうという話になりまして。じゃあ5尾まで持って帰っていいと。それ以外は放すという仮定をしたんですね。それで計算していくと、やっぱり親魚放流が費用対効果が高いという話になって。最初に群馬県でやりました。岐阜県もだいぶ前からやってらっしゃって。

坪井　岐阜が元祖ですから。

鈴木　私たちのシンポジウムに岐阜の水産試験場の人にも来ていただいて、いろいろお話を伺ったんですが、やっぱりその後にC&Rだと。C&Rすれば同じ魚が2度3度釣れてくれるわけなので、資料にある数字は当たり前の話ですよね。再放流をしていれば当然釣られる回数が増えていくわけだから、釣獲尾数としては増えるということです。しかし、山梨県道志川では、地元の人たちも釣り団体の人たちも一所懸命やってC&R区間を作ったんですよ。非常に評判もよかったんです。東京からも近いですしね。よかったんですけど、地元の釣り人ってほぼ全員漁協の組合員なんですよね。C&Rをやって、お客さんが

来てくれるのはいいんだけど、駐車場だとか食堂とかをやっている人たちだけ儲かってオレたち全然儲からないというような、ひがみも出てきます。それと「オレは生まれた時からここで釣ってたんだ、エサ釣りで釣った魚を食ってたんだ」と。それを今さら釣っても放せっていうのはとんでもないという人たちも出てくるわけです。これは将来的にそういうところをうまく、さっきのような放流の話、それから残存率の話とか（をして）、地元の人の説得をしないとなかなか難しいと思います。

ただ最近、中ノ沢（群馬県神流川）とか、いろいろ出てきました。神流川は昔からうまくやっているところですよね。石徹白川（岐阜〜福井県）も九頭竜川の上のほうですよね。ここもうまくやっている。こういうのがだんだん出てきてC&Rが増えてくると、釣れる率が、回数が増えてきますからよくなると思うんですね。それとさっきの放流方法をもう少しきちんとやっていくと変わってくるかなと。ただ何でもかんでも自然のままにするってなると、私ら釣り業界の人間として考えると、それだけじゃだめだなと。

坪井　今すぐにっていうのはあれですけど、過渡期だと思っています。

鈴木　大澤さんのフェイスブックとかを見ているとよく分かるけど、天然の魚釣らせようと一所懸命やってるけど、漁協の前あたりには成魚放流してるんでしょ？　それで子供や女性にも釣ってもらいましょうという話ですよね。あれもだから、釣らせる数、C&Rをしろとは言わないけれど、バッグリミットを決めてやるともう少し長い期間、もうちょっ

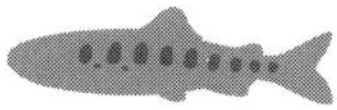

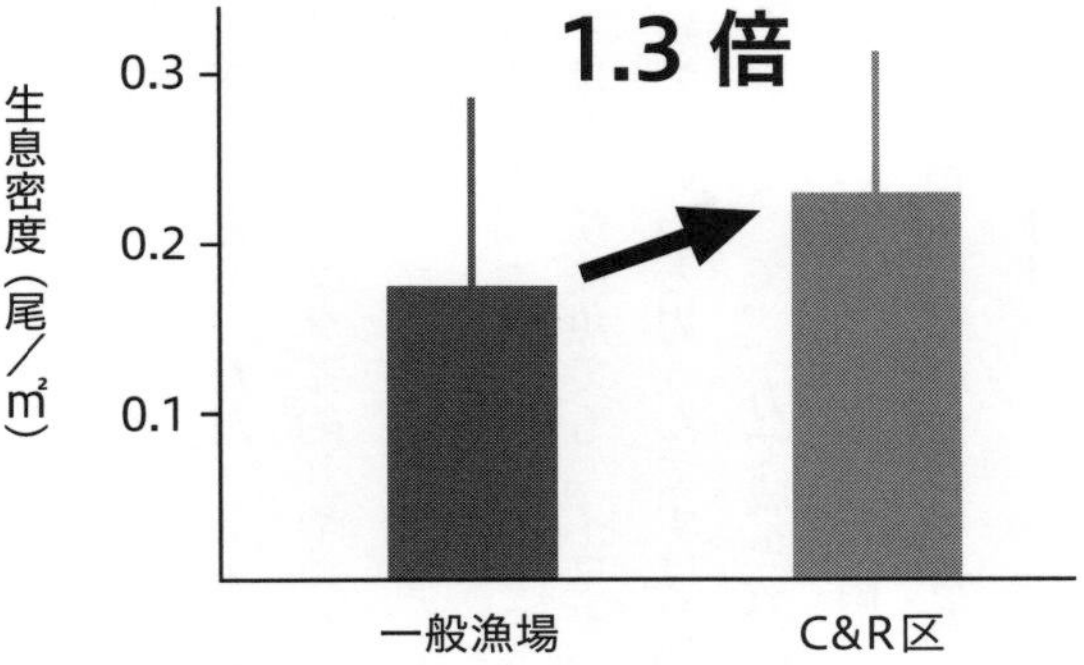

石徹白漁協管内の川における渓流魚の生息密度

岐阜県峠川では、自然繁殖のみでC&R区を管理しています。放流が行われる一般漁場よりも魚の生息密度が高く、野生魚が釣れる川として人気です。

※『釣り人、住民、漁協でつくる！　いつも魚にあえる川づくり～渓流魚の漁場管理～（イワナやヤマメ・アマゴ）』（水産庁）より引用、作図。

と多くの人に釣ってもらえると思います。今、ないでしょ。あれだけ釣らせちゃうと続かなくなっちゃうので、そういうことも今後は考えていけたらいいなと思います。

坪井　成魚放流も、ちゃんと周知して、「何月何日何時にここに放流します」と言って集まってもらえばほぼ確実に皆さん釣れるので、釣りの入り口としては悪くないと思ってます、僕は。栃木県の西大芦川とかも積極的にやってるので。

鈴木　ただ昔から箒川とかなんか、前の日から警察官を川に……（笑）。いや、警察官がいないと、真っ暗な中釣っちゃうんですよ。それも１００、２００尾と釣っちゃうのね。そういうのがやっぱり駄目だと思いますよ（笑）。

坪井　だから、バッグリミットってすごく大切だと思うんですけど、今回の釣り学会で一番勉強になったプレゼンが、釣りがね、どんどん情報が知れ渡って道具もよくなってきて、ねらった魚だけを上手に釣れるように皆なっていると。だけどどんどん細分化して、アマゴ好きな人、ヤマメ好きな人とか、雑魚釣りが好きな人、いろいろいらっしゃると思うんですけれども、ただ、トータルでバッグリミットを決めないと。海でもそうですよね。一つテンヤでマダイ釣りやったって、いろんな魚が掛かってくるわけで、その中にはレアな魚もいるっていうところで、レアな魚に合わせて、「今日あなたがクーラーに入れていいのは5尾までね」とか。コンバインドバッグリミット、統合的尾数制限って言ってたんですけど、渓流魚でも「イワナ、ヤマメ合わせて何尾」といった家族分だけとか、そういうのでもいいと思うんですけど、もうそろそろバッグリミットないとちょっともたないかなと思って。で、一方で成魚放流はちょっと置いておいて、放流の効果が限定的だって分かってきている。要するに弾が限られるってことが分かってきている中で、じゃあどうするかっていったら、家族分だけ持ち帰ってもらうみたいなキャンペーンが今後必要不可欠なのかなと思います。

鈴木　昔は、渓流釣りっていうと新聞紙の上にずらっと魚並べた写真が釣り雑誌や新聞の釣り欄に載っていました。最近、減ってきたのは少しいい傾向だと思うんです。ただ僕はいつも福島のほうへフライフィッシングで行くんですけど、解禁日に100尾200尾

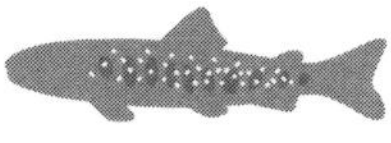

釣る、「束釣りじいさん」と言ってるんですけど、そういう人が何人もいるんですよ。渓流釣りにこんなでっかいクーラー持って行くんですよ。それをやめろとは私らが言えないじゃないですか。でもそれはまずいよねって。その魚どうするのって聞いたら、「スナックのママに持って行くんだ」とか言うんですよ（笑）。自分で食うわけじゃないと。そういうことは今後やっぱり、バッグリミットという言葉が普通の人に通じるかどうかは分からないけど、何かしないとダメでしょうね。どうですか大澤さん、あそこ……。

大澤　そうですね、釣る人は大体限定されてきちゃうので、皆さんまんべんなく釣っていただこうと思うと、やっぱり上手な人がいい場所で大量に釣るっていうような。偏ってしまうのもちょっと問題なのかなと思いますけどね。

鈴木　それを5尾までとか10尾までとかって、通用しないですよねそういう人に。

大澤　古い方ですのでね、なかなか……。

鈴木　でもそれを考えないとね。その人たちがたとえば5尾か10尾でやめてくれれば、ほかに魚に出会う機会の人が増えるわけだからね。

坪井　そのとおりだ。

鈴木　やっぱりそれをしなきゃいけないと思うんですね。

坪井　僕らはみんなビギナーの方を、底上げをしたいわけで、1人でも多くの方に釣りを楽しんでいただきたいというのが強くて。やっぱり漁協の経営を考える意味でも、束釣りじいさんと仲よくするのも大切なんだけど（笑）、今のまでではいけないってことが分かってきたので。なんとかね、しないと。

鈴木　それでね、東釣りじいさんって1日しかやんないんですよ皆。解禁日だけ。だって釣れるのがそうじゃないですか。解禁日だけやって後はやらないんですよ。でもちゃんと年券（年間遊漁券）は買ってるんですよね。年券いらねえぇやっていうぐらいの人もいるんですけどね。

坪井　闇は深いですね。

鈴木　で、そのじいさんから、その年券を買う人がいるらしい……。

坪井　これ絶対放送できないじゃないですか（笑）。

佐藤　「渓流魚・サクラマスを増やすには」というところで、非常に深い、漁協のこれまでやってきたことをいろいろと考えなくてはいけないということを突きつけるような論文が出てきたり、今後の未来が変わってくるような時代になってきたかなと思います。今回の渓流の議題に関しては、いろいろ問題を提起した状態で終わりたいなと思います。

鈴木　今、坪井先生が仰ったように過渡期ですよ。今日のこれをきっかけにして、いろいろなところで考えてもらいたいですよね。

第2章

理想の放流アユ釣り場とは

～日本一のアユを育てる～

清流めぐり利き鮎会グランプリ4回の快挙
アユ買い取りの普及を筆頭にさまざまな集客の工夫

佐藤　次は、「理想の放流アユ釣り場」をテーマに議論をしていきたいということで、今回、九頭竜川中部と郡上（長良川）に関しては、天然のアユが遡上してくることもありまして、話の中心を和良川にしていきたいと思います。和良川といえば会長はどんなイメージがありますか。

鈴木　あの地域には長良川とか飛騨川とか、有名な川、大きな川がいっぱいあってですねー。和良川に初めて行ったのは「鮎マスターズ」の会場が長良川だったんですが雨が降って全然できなくて。（大会）スタッフがそこら中を探したら「和良川ができる」って、それで行ったんですよ。（大澤さんが）高校生ぐらいの時？

大澤　そうですね。

鈴木　あの時に初めて行ったんです。そうしたら水が冷たくて、きれいだしね。だけど何かちょっとイメージとしては長良川とは違う感じの川でしたよね。でもその時はさらにそこも濁っちゃって。支流の鹿倉川っていう小さな支流に行ってやったんです。あの頃のダイワのスタッフもすごかった。そこら中を探して「こんなところでやるのか」というようなところでもやったんですけど、そんな印象が和良川にあるんですよ。それが最近では超有名河川になっちゃって。「和良鮎日本一」というノボリがいろんなところに立っていたりしますけど、あれは全部大澤さんですよね？　仕掛け人としては。

大澤　まず日本一というのはですね、毎年高知県で開かれるアユの品評会（清流めぐり利き鮎会）でですね、大変美味しいアユということでグランプリに4回選ばれるという評価をいただきまして。日本一回数を多く取っているということで「日本一」というふうに謳《うた》わせていただいているんですけども。

和良川の説明をさせていただきますと、和良川というのはですね、天然遡上のない川で、残念なことに人間の開発で木曽川水系にはダムがありまして、天然遡上がなくなってしまったという経緯のある川なんです。昭和初期にダムができた頃に、歴史書を読みますと、アユが遡上しなくなったので釣り人が琵琶湖から1000尾のアユをみんなで放流して川へ戻したというのが書かれてまして。そのあとすぐに漁業組合ができたということで、その組合を作るきっかけになったのは、釣り人が放流して守ったというものがありましてですね。和良の人たちは、自分たちで放流して種まきをして育てているという魚で、やっぱり気持ち的にもちょっと関心があるんですね。そんな感じで地域の宝として、全国へ紹介させていただいています。

佐藤　これは稚アユ放流の風景です（次頁）。どれくらいの数を放流されているんですか。

大澤　重量では2・1トンほど、川の規模としては割と入っているほうではないかなと思うんですけれど。

焼き上げた自慢の和良アユを手に、大澤組合長

和良川のアユは「清流めぐり利き鮎会」で４度グランプリに輝いた

和良川のアユ。昭和初期のダム建設で天然遡上を断たれた川に、当時の釣り人たちが琵琶湖のアユを放流して川を守ったという。その歴史は今も地域に受け継がれている

和良川では約 9 km のアユ釣り区間に 2.1 トンほどの稚アユが放流されている

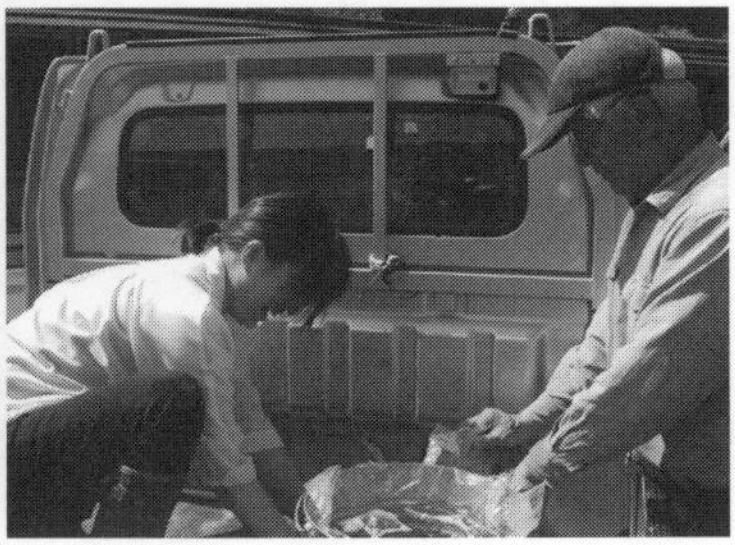

佐藤　和良川は飛騨川の支流、馬瀬川を上っていったところにある支流ですね。アユ釣り場が9kmくらいなんですけれど、この狭い釣り場が日本一ということで非常に注目を集めている。グランプリを4回取られているんですけど、実は最初にグランプリを取った時からそんなに漁協の成績、売り上げは立っていなかったんですよね。坪井さんからもお話してほしいんですけれども、天然資源がない釣り場というのは基本的には赤字になってしまうというような、かなり難しいんですよね。

坪井　絶対ではないですけれども、天然遡上がある釣り場よりも赤字になりやすいというのは、実際、中村智幸さん（水産研究・教育機構）の研究でも7割方が赤字になっている。アユの事業を単体で見るとですよ。その赤字分を前回のテーマだった渓流釣りで何とか賄ってトントンになっているよって。

佐藤　この図です（次頁）。遊漁料・行使料金収入というところで言うと、（アユの）天然遡上がない川に関しては損益分岐点がもう完全に赤に振り切ってしまっていて。

坪井　そうですね。X軸が出費でY軸（縦軸）が収入なんですけれど、完全にペイしていない。企業でいえば経営破綻しているような状況で、渓流釣りのほうはそうでもないというところですね。しかも渓流釣りと比べて額がデカいんですよね。X軸Y軸で値を一緒にしてありますけど、渓流魚のグラフが700万ぐらいなんですけども、アユは1800万まで振り切っている。というところで赤字にもなりやすいし赤字の額も大きいというのが

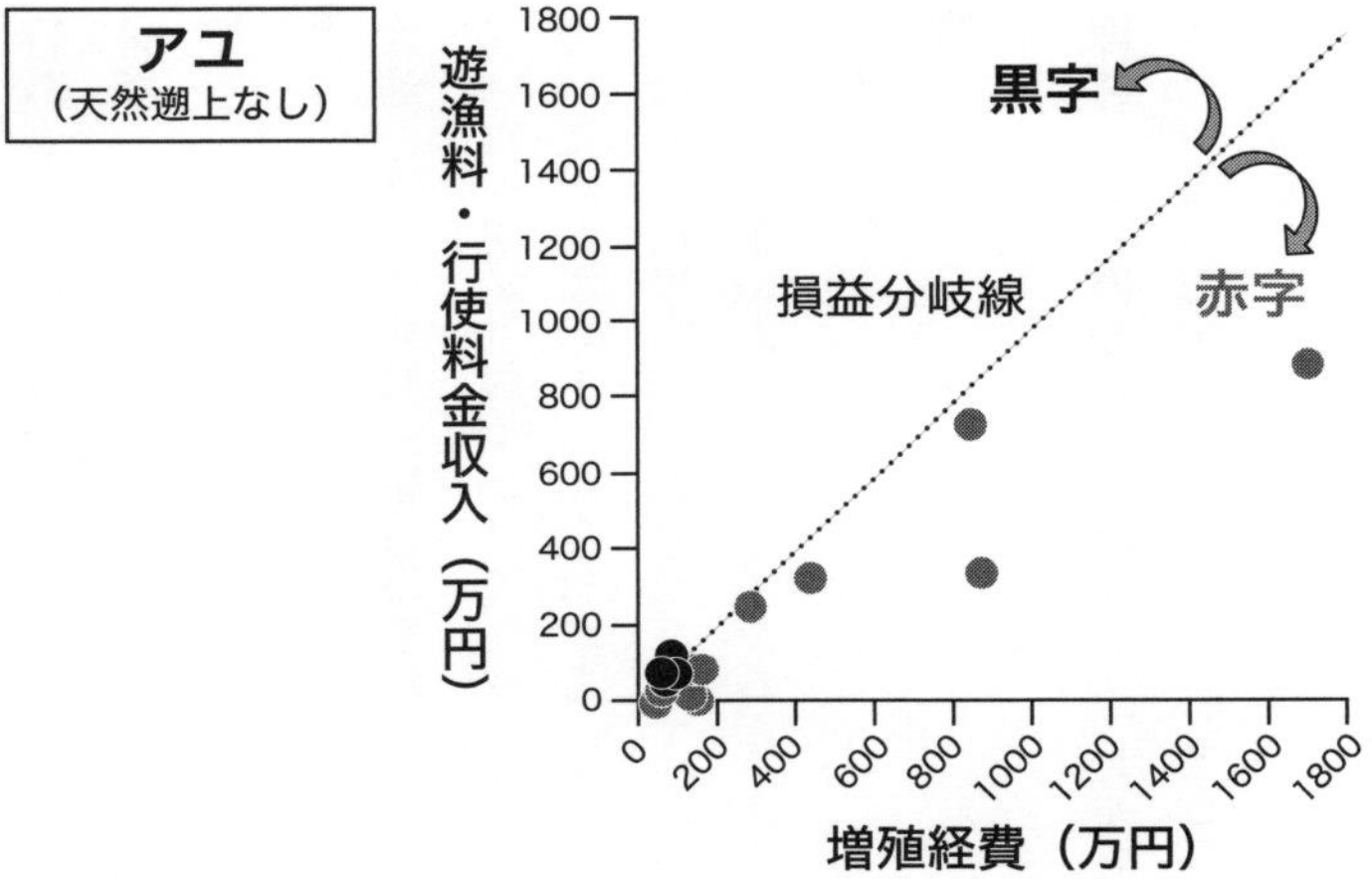

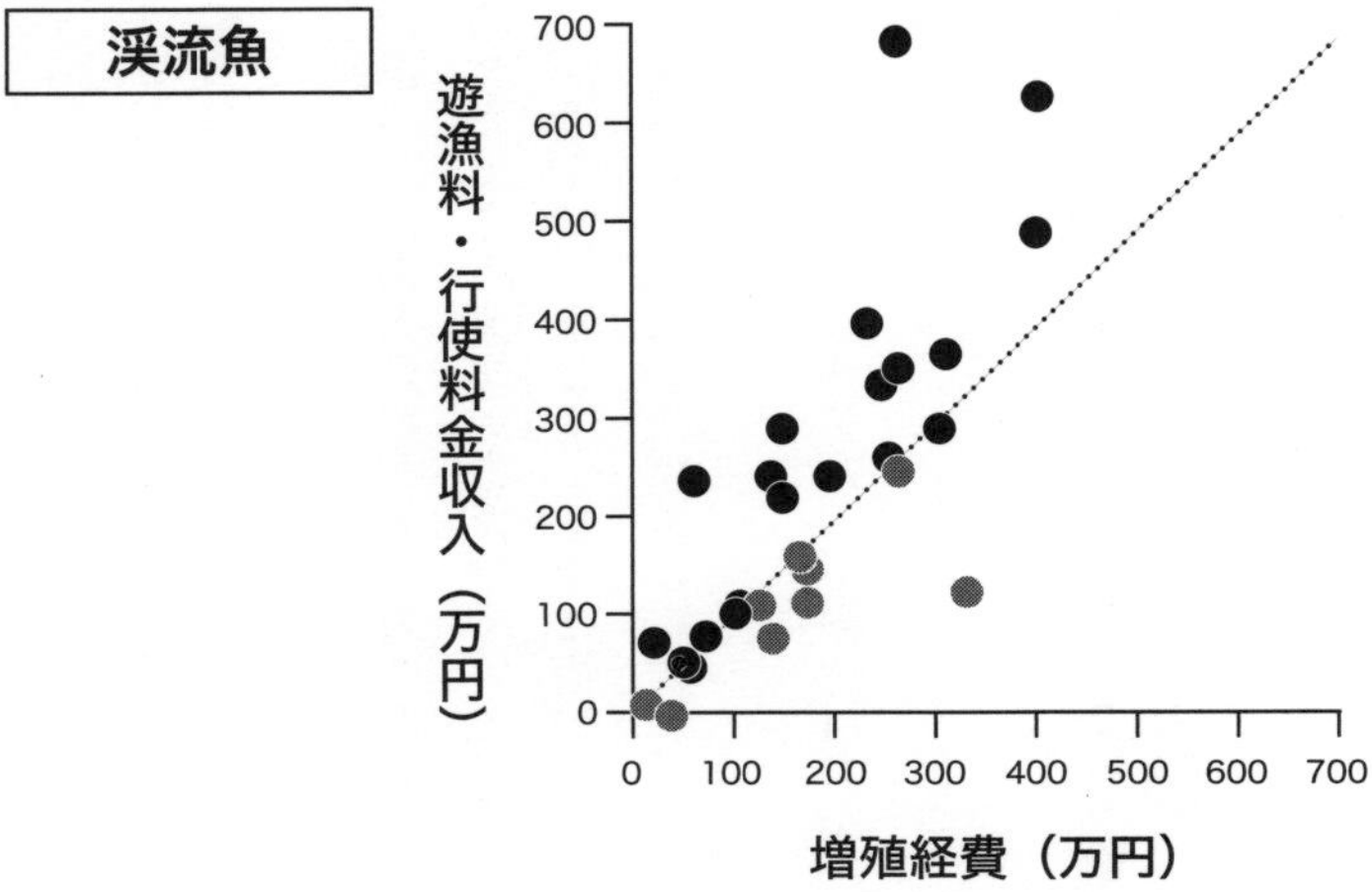

※『赤字にならない！　アユ放流マニュアル』編 坪井潤一（国立研究開発法人水産研究・教育機構）より引用、作図

特徴としてあります。

佐藤　実は去年、大澤組合長に年度別の売上推移を……、平成13年から令和３年までの数字なんですが、大澤さん、漁協っていうのは組合員がある程度多くないと収入が入ってこない。そういうシステムなんですよね。

大澤　そうですね。組合員さんからの行使料があって、あとは釣り人の方の遊漁料で成り立っているんですけれども、やはり釣り人の方にたくさん来ていただいて、遊漁券を買っていただかないと。組合員さんは本当に高齢化が進んでいまして、ドッと増やすのは非常に難しい段階に来ておりますので。「釣り人の方にいかに来ていただくか」ということが（採算の）一番のカギになってくるんです。

佐藤　今、組合員収入は非常に下がっていて平成13年には４４７万円、組合員さんからの収入があったのが、令和３年には３５３万円になっていると。それが一般収入を見ると、平成13年度には５５８万円だったのが令和３年度には９９８万円。

坪井　あり得ないこれは（笑）。しかも放流量が減っていないというのがすごい。増えてるじゃないですかこれ。１・５倍？くらいになってますよね。１・６トンでやってきて……驚異的ですよね。

佐藤　どうしてこういうふうに放流量を増やしたらいいのかということも含めて、うまく成功したのかという話を少ししていただければと思うんですけど。

和良川漁業協同組合年度別推移

年度	組合員数（人）	放流量（kg）	組合員収入（万円）	一般収入（万円）
平成 13 年度	462	1600	447	558
平成 14 年度	460	1650	444	736
平成 15 年度	455	1750	450	683
平成 16 年度	436	1600	436	662
平成 17 年度	414	1500	426	735
平成 18 年度	405	1500	403	855
平成 19 年度	394	1500	444	820
平成 20 年度	374	1670	394	471
平成 21 年度	341	1200	464	417
平成 22 年度	291	1000	386	468
平成 23 年度	276	1100	384	397
平成 24 年度	269	1400	317	439
平成 25 年度	262	1500	372	409
平成 26 年度	253	1500	323	490
平成 27 年度	255	1400	387	639
平成 28 年度	255	1400	320	739
平成 29 年度	247	1600	368	728
平成 30 年度	243	1600	363	603
令和　元年度	241	1650	346	792
令和　2 年度	238	1450	313	925
令和　3 年度	223	2300	353	998

大澤　組合としてはずっと昔からやってきてはおったんですけども、ちょうど平成20年あたりですね、ちょっとガソリンが高くなったりしたせいなのか、本当にお客様が半分くらいにガクッと落ちてしまいまして。赤字が7年ほど続いてかなり苦しくなってきておりまして。「これはちょっとマズイぞ」ということで「いろいろ改革していかないいかんなあ」、そういう段階にいまして。私もちょうどこの頃に理事でちょっと入れていただいておりまして、いろいろ相談しまして。とにかく釣り人の方が楽しい釣りをしてもらわないとなかなか来ていただけないってことで。昔は解禁が6月の終わり頃、末のほうだったんですね。ほんで終わ

和良川特別解禁の釣り風景

りが8月16日で終了しているような川だったんです。それではまずいということで少しでも漁期を長くしたらどうかということで、5月前半から9月半ばまでは釣りができるように期間を伸ばしまして。

あとは特別解禁というのをやりまして、お客さんを誘致しようということで、遊漁者の方に優先的に特別解禁の日は釣っていただくと、そんな日を設けました。そういうことをやりつつですね、地域おこしと協力して、とにかくいろいろな人に興味を持っていただかないといけないということで。なかなか、アユ釣りの門をくぐるというのは本当に難しいことなので、とにかくまず食べることから皆さんに興味を持ってもらうということですね。釣りをしない方もアユを食べてもらって、川にこういう魚がいるんだよと、「（和良）鮎まつり」というものもやったり、釣りに興味のない方にもどんどんアプローチしていったんです。そうしましたら（釣り人以外の）皆さんにも、和良川にこのアユはいるんだというふうに興味を持っていただけまして。

今になってみると一番大きかったかなと思うのはやはり買い取り（釣り人が釣ったアユを買い取るシステム。魚の大きさや川全体の釣れ具合で買い値は変わる）ですね。釣り人の方が（アユを）釣ってそれを現金化できる仕組みです。岐阜では白滝さんのところの郡上漁協さんがずっと昔から大きくやっておられて、うちも昔からやっていたんですけれども地元の人だけみたいな感じでしたので。それをもうちょっと広くやろうということで、アユを買い取ってお料理屋さんのほうへどんどんＰＲしていきました。それが皆さん興味を持っていただけまして、段々と数字が増えてきたのではないかなというふうに感じております。

佐藤　この「和良鮎」というのも地域登録を取られたそうですね。

大澤　そうですね、「地域団体商標」というのを取りまして、地域の食材のブランドで特許庁に登録しまして。やはり統一した1つの名前がないとなかなかＰＲしていくのは難しいですので。「和良鮎」っていうロゴも地元の書家の方に作っていただきまして、それでみんなで統一してＰＲしていったんですね。

地元住民と観光客で大盛況の「和良鮎まつり」

和良鮎集出荷所（買取所）と釣り人が
持ち込んだアユ

地域のアユを商標化でブランディング
美味なアユが育つ条件とは？　ＰＲをいかにしていくか

佐藤　これは郡上鮎も……。

白滝　そうです。うちは平成18年でしたかね。平成18年に商標法の制度改正がありまして、地域団体商標が発足したということでさっそく申請して……この時は1年かかったな。お金も１５０万円くらいかかったものね、商標（次頁）を取るのに。

坪井　最初の最初でしたよね。「越前がに」とか「大間まぐろ」とかとね。

白滝　それと一緒で8品目の中に「郡上鮎」を入れてもらいました。早かったですけど、大変やった。

大澤　一番に郡上漁協さんの「郡上鮎」が（商標を）取られまして。やっぱり実績がありますので。一番初めに取るというのが非常に難しいんですね。うちの（商標登録）もやはり1年ぐらいかかりましたが、アユではまだなかなか取られているところは……。

白滝　２つだけでないか？　河川産のアユでは「郡上鮎」と「和良鮎」だけだよ。地域団体商標は通常の商標より難しいです。違いは結局のところ組織員。漁協が取れば漁協の組

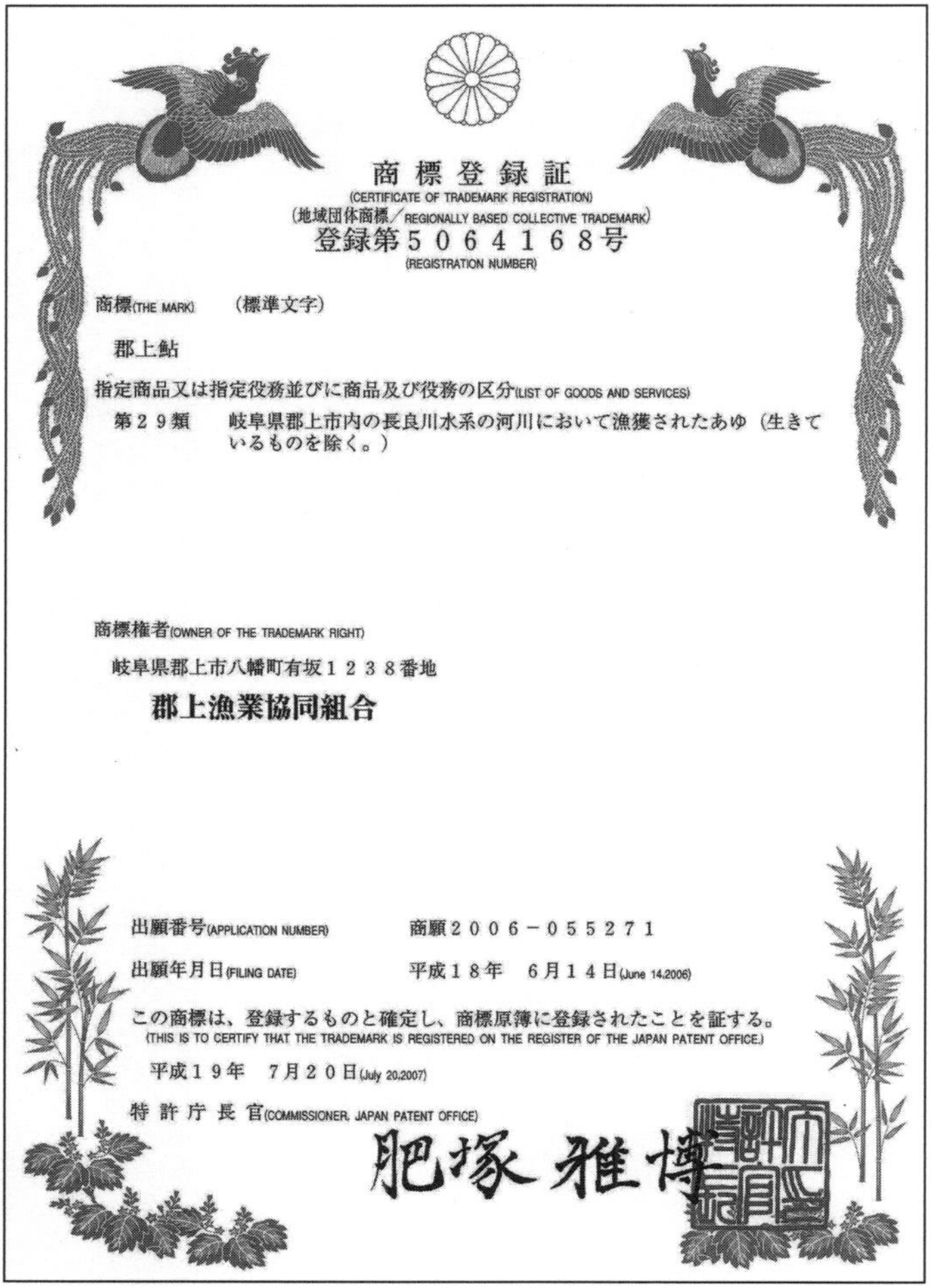

商標登録証
(CERTIFICATE OF TRADEMARK REGISTRATION)
(地域団体商標／REGIONALLY BASED COLLECTIVE TRADEMARK)
登録第５０６４１６８号
(REGISTRATION NUMBER)

商標(THE MARK)　　(標準文字)

郡上鮎

指定商品又は指定役務並びに商品及び役務の区分(LIST OF GOODS AND SERVICES)

第２９類　岐阜県郡上市内の長良川水系の河川において漁獲されたあゆ（生きているものを除く。）

商標権者(OWNER OF THE TRADEMARK RIGHT)

岐阜県郡上市八幡町有坂１２３８番地

郡上漁業協同組合

出願番号(APPLICATION NUMBER)　商願２００６－０５５２７１

出願年月日(FILING DATE)　平成１８年　６月１４日(June 14,2006)

この商標は、登録するものと確定し、商標原簿に登録されたことを証する。
(THIS IS TO CERTIFY THAT THE TRADEMARK IS REGISTERED ON THE REGISTER OF THE JAPAN PATENT OFFICE.)

平成１９年　７月２０日(July 20,2007)

特許庁長官(COMMISSIONER, JAPAN PATENT OFFICE)

肥塚 雅博

郡上漁業協同組合が取得した「郡上鮎」の地域団体商標登録・商標登録証。「岐阜県郡上市内の長良川水系の河川において漁獲されたあゆ（生きているものを除く。）」とある

和良川の水源のなかには鍾乳洞から湧き出る水もある

合員も利用できるという商標ですので、審査の段階で相当難しくなってきます。

佐藤　和良川にはおいしいアユを育てる土壌というか、元々そういうものが恵まれているというところも非常に大きいと思います。美味しくアユが育つ工夫というのはありますか。

大澤　一番アユの美味しい原因というのはその土地の水質、ひいては地質とかそういうものが関係しているわけですけれども、それを維持していこうと思うとやはり水質管理が一番大事なところで。幸い和良町はもう20数年前に下水道を全線完備しまして、川に直接汚れた水を流さないような工夫ですね。アユもそうですけどお米や野菜に

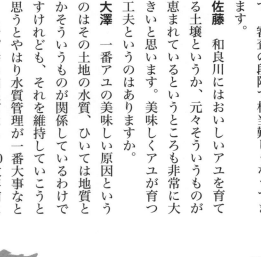

も関わってきますし、アユには昔から皆さん大切に思っているというのはありましたので、その水質維持というのが一番大事なところではないかと思いますけどね。

佐藤　ここの話はいろいろと話題的に深い部分があるかもしれませんが、種苗（元となる種。ここでは採卵して育てる稚魚のこと）によってアユの味って変わりますか。

大澤　そうですね……川によって魚の味は変わるんですけど、うちは琵琶湖産ですね。やはり上流域の川ですので、初期の水温が低い時によく釣れるということで琵琶湖産をちょっと多く入れているんですけども。ウロコの硬さというんですかね、琵琶湖産はウロコが細かいですので、焼き上がった時にちょっと柔らかいといいますか、歯触りもありますのでそういうところとか。あとはちょっとふっくらした形もありますので、そういうところにこだわって琵琶湖産は入れています。海産系も入れているんですけれども、海産系も和良（川）の石アカを食べて育ったアユは、似たような味にはなりますので、後天的なものですね。やはり川のポテンシャルといいますか性能といいますか、そういうもので味は変わってくるんじゃないかなと思いますけどね。

佐藤　（アユの）買取所に行って何度か取材をさせていただいてるんですが、湖産アユのほうがちゃんと買い取ってくれて違うアユだと……結構厳しく審査されてるところがあると思うのですが、それはウロコの状態などを見て？

大澤　そうですね。かなり厳しく選別を掛けているんですけども、身の付き具合とかです

ね、同じ時期でも痩せている魚もいますし太っている魚もいますし、結構傷とかでダメージが大きい魚もいますので、そういう魚は除外して本当にいい魚だけを選別して出してますので、やっぱり味の違いは出てくると思いますね。

佐藤　この、アユの味なんですけど、九頭竜川に関しては何かこうしたらアユが美味しくなるんじゃないかとか、そういう考え方は（中川）組合長にありますか。

中川　そういう取り組み自体はないですけれど、九頭竜川全体でやっぱり上のアユが美味しいとか、皆さん仰るんですけど、僕の個人的な感想はですね、水源地から下流のところなんですが、石が細かい。そしてあそこは伏流水が湧く。夏のどんな渇水でもアカ腐れは絶対ない。泥がかぶったようなところもないと。それでちょっとした水で石アカが流れてまた新アカが付く。そういう繰り返しの中で、育っているアユは天然（遡上）が多いので形的にはスマートなアユが多いんですけれども、僕が食べてみて、やっぱりその上の大きい石の（アカ）を食んだ（魚）のより、玉石が小さいところのアユのほうが「美味しいアユやなぁ」って感じられるんですけれども。それをどういうふうにPRできるかなというのも1つの問題かなとは思ってますね。

佐藤　つまり九頭竜川でも美味しいアユとしてPRはどんどんこれからもしていきたい？

中川　そうですね。その商標権の話もある。理事会でもそれが（議題に）挙がっているわけですけれども、アラレガコ（カマキリ）ですね（スズキ目カジカ科に属する淡水魚。福

「水源地」と呼ばれる九頭竜川中流部浄水場付近の釣り場

九頭竜川の友釣り釣果

九頭竜川でアユとともに知られる名物、アラレガコ

井県の伝統料理の素材として知られる。標準和名はカマキリ、アユカケの2つが使われている)。それとアユの商標を取ろうということで、ちょっと上の「九頭竜川勝山あゆ」っていうのが先に出てるものですから変えてやりたいなと。ただ早うしないとこの「九頭竜」というネーミングがね、中国の方が特に喜ぶよってことで（笑）。

白滝　（あちらは動きが）早いで（笑）。

中川　だから「これは早うせないかんぞ」って言われて今やっておるんですけれど、それに向けて今年は必ず（商標を）取りたいなと、ちょっと頭にはあるんやけど、早う（商標をほかに）取られる前にそういうことをやりたいなとは思っておりますけれども。

鈴木　『九頭竜川』の小説に出てくるのは、周りの支流にもアユがいるんだけど、それよりもやっぱり今組合長が仰ったあのへんですよね。あの舞台はどちらかといえば中部（中流域）の話なので、そこのアユがやっぱり高いと。それはあの当時は勝山も、大野もそうですけど、全部繊維の町でものすごく儲かった人たちがいて。あそこは震災と戦災と水害ですごい被害を受けたんですね。それが復興するんです。その時に儲けた人たち、銀行家や事業家が出入りする料亭があったそうです。そこはものすごく栄えて、そのアユが評価される。やっぱりあのへんのアユが一番美味ということを評価されたわけですよね。

中川　そうなんですよ。

鈴木　あの話（小説）でいくと流れが強い、暴れ川であるというのが一番美味しいアユが

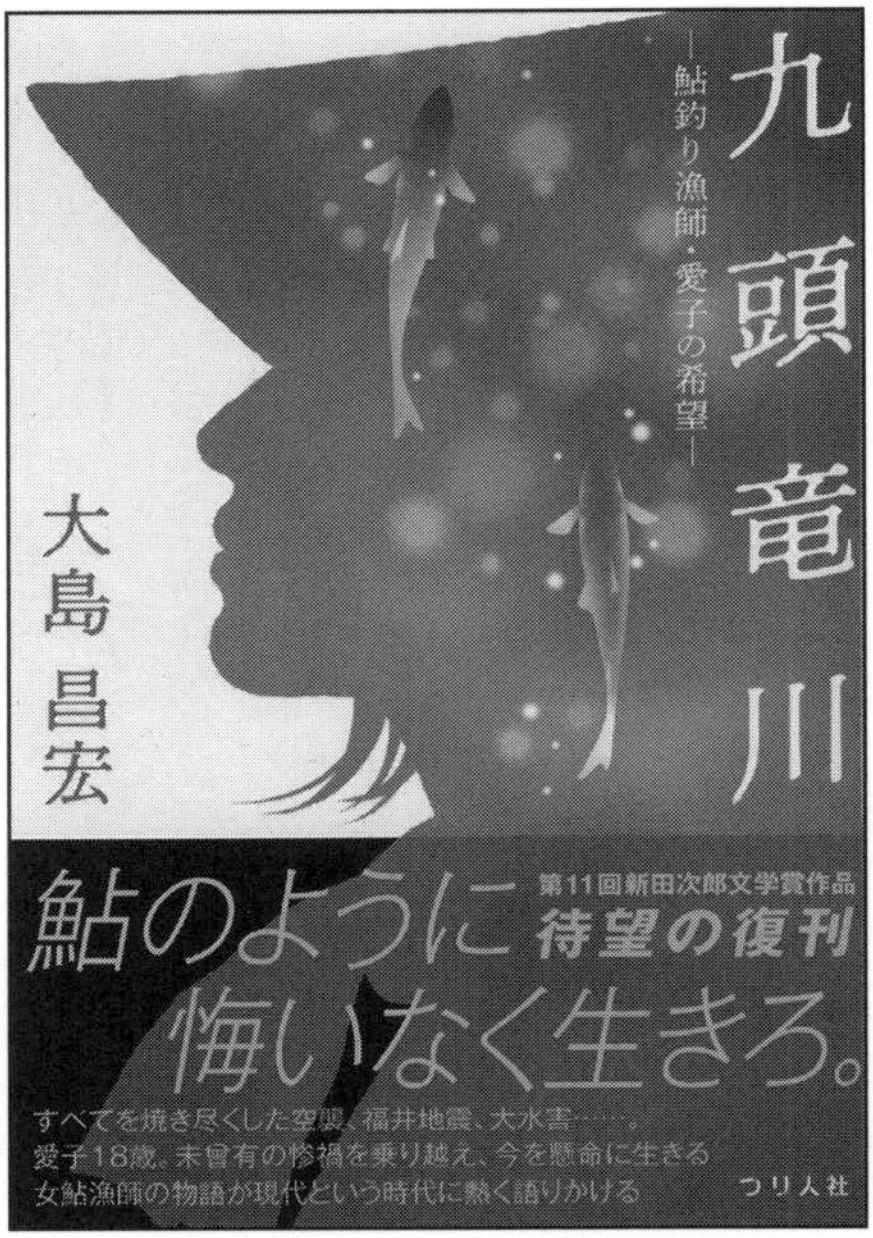
九頭竜川
―鮎釣り漁師・愛子の希望―
大島 昌宏
第11回新田次郎文学賞作品
鮎のように
待望の復刊
悔いなく生きろ。
すべてを焼き尽くした空襲、福井地震、大水害……。
愛子18歳。未曾有の惨禍を乗り越え、今を懸命に生きる
女鮎漁師の物語が現代という時代に熱く語りかける
つり人社

『九頭竜川』（大島昌宏・つり人社）は、職漁師を祖父にもつ主人公・愛子が、九頭竜川初の女漁師として自らの人生を切り開いていくさまを描いた小説。第11回新田次郎文学賞受賞作。著者の大島昌宏氏は地元・福井で生まれ育った

育つ（条件）みたいな話だったんですけど。やっぱりトロ～ッとしたところよりは流れの強いところのアユのほうが美味そうな感じはしますよね。

中川　だからいかにそこをどうやってPRするかね。永平寺町とタイアップしながら今やってるところなんですけどね。

鈴木　昔のように評価されるとすごいですよね。

中川　福井というと海魚文化なんですよ。

鈴木　あの時代にアユを食わせる料亭があれだけ栄えたっていうのはすごい話ですよ。

中川　今、そういう高級料亭といったらおかしいんですけれども、永平寺町

近辺に2、3軒できて、ぜひこの九頭竜川のアユを使ってPRしたいと。福井は大体PRが下手なんでね。県外の（方から）必ず言われます。いい魚があるのにこれ全然出てないよという。福井人はPRが下手だと言われております。

鈴木　恐竜は有名になりましたけどね（笑）。

中川　そうなんですよ。福井は恐竜かメガネかって言われる。

坪井　やっぱり中川さん、仰るとおり名前がね、素晴らしいですよね。「九頭竜」ってオンリーワンだなと思うので。「和良」も「長良」もいいですけど、「良」っていう字が入っていてね。なんか厳つい格好いい感じがするじゃないですか、「九頭竜」は。ぜひブランディングにもご尽力いただけるといいのかなと思います。

中川　こういったら（福井）県に怒られますけどね、福井を知らなくても九頭竜を知っている人のほうが多いんですよ。

坪井　九頭竜川が何県にあるのか知らない釣り人ももしかしたらいるかもしれないですね。

身の丈にあったアユ放流と釣り場づくり
1人当たり「200尾」というマジックナンバー

鈴木　和良川というのは昔はそんな評価される川ではなかったんですね。川としても規模が小さいし、釣り場としてもね。私たちの月刊『つり人』ではですね、大昔からあのへんの川の紹介をいろんな人がしてくれているんです。馬瀬川だとか長良川だとか有名ですよね。馬瀬川なんて萩原（の街）から山の中を行った不便なところでしたけど、いろいろな雑誌にも紹介されてましたし、私たちも昔から行っていたんです。ただ和良川っていうとちょっと忘れられたところだったんですよ。で、長良川で釣りをしていて（納竿後に）長良川の買取所に持っていくと、和良川（の魚）ってはねられましたよね。それが僕が昔行った時の経験なんです。その「和良鮎」が今ではグランプリを何回も取って、準グランプリも入れたら毎年のように取ってる。これは、「（清流めぐり）利き鮎会」の話もちょっとしたほうがいいかもしれないですね。どういうことかっていうと、釣ってきたアユを冷凍したものを全国から集めるんですよ、高知（の会場）に。それを焼いて食べさせる。最初にやった時は名札を付けてたんですよ。川の名前を書いていたんです。そうするとね、本当に人

間って面白くて全部有名河川に票が入るんです。「これ、どうもおかしいな」という話になって、（主催者の）内山さん（内山顕一。高知県友釣連盟代表理事長）が言って、その次から名前を外したんです。そうしたら四国のほうの小さな天然遡上の川だとか、そういうところが出てくるようになったんですね。なぜその話をするかというと、和良川がそうなった理由は、やっぱり目隠しだからですよ。（味を）見ている人たちが舌だけで判断したわけです。

すべてのことが評価の基準になるんだけど、それによって和良川が（高い評価に）なった一番の理由は、大澤さんの努力だと思います。何回か見せていただきましたけど、釣った魚を選ぶっていうのももちろんだよね。形のよい、美味しそうなアユというのが一番の理由だけど、それを電気ショックで仮死（状態に）させる。そしてものすごい細かな氷に入れて急速冷凍する。３年前（に釣った）の魚を僕も食べさせてもらったんですけど、実に美味いですよ。見た感じも今年釣った魚と3年前の魚を見比べても分からない。非常に高い技術だと思います。それによってここ（高知の利き鮎会会場）に送られるのが冷凍のアユなので、評価が高かったというふうに思います。今、たぶん各地でこれのモノマネをしていると思いますけど、でもこうやって大澤さんに、焼き方も何度か見せてもらいましたけど、焼き方も非常に上手いですよ。今話題ですよね、５面焼きっていうのはね。

佐藤　小学生に教えてるんですよね、この写真（次頁）ね。

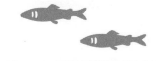

高知県で開催される「清流めぐり利き鮎会」のようす。「姿・香り・わた・身・総合」の5要素で優劣が競われ、グランプリと、準グランプリ河川（複数）が選ばれる

地元の小学校で行なわれる「川の勉強会」。アユの焼き方を実演する大澤組合長と、興味津々で見入る子供たち

大澤　はい、小学校の授業で5面焼きをしてて（笑）。

鈴木　でも、あそこ（清流めぐり利き鮎会会場）では違う。ホテルの人が焼いているわけだから。

坪井　誰が焼いても勝っちゃうっていうのは、やっぱり頭一つ抜けてると思うんですけど。

鈴木　ただ、これから大変ですよ、みんな真似しますから（笑）。

坪井　それでもちょっと勝ちすぎですよね。ブラインドでやって4回。こんなに勝っちゃうんだからちょっと違うんだろうなと思う一方で、川ごとに、中川さんも仰ったとおり、同じ漁協の管内でも湧水のところが一番美味しいような気がするとか、それならそれで漁場マップに「ここのアユが一番美味い」とか、「組合長イチ押し！」というのがあればいいと思いますし、何かＰＲの仕方とかで……やっぱり「自分のところの川のアユが一番！」って、そういうふうに思えないとだめだと思うんですよね。

鈴木　大体どこに行ってもみんな言いますよ（笑）。

佐藤　おらが村のアユが。

坪井　そうそう、「うちのが一番美味い！」って言われた時には、僕は絶対、１２０％「そうだと思う」って言うようにしてますけれども、そういう人が川を守ってくれているわけですし、そこには最大限のリスペクトを持って「そうだと思う」と僕は言うようにしてます。

佐藤　ほかにもダムで遡上が寸断されて放流に頼らざるを得ない釣り場っていっぱいあ

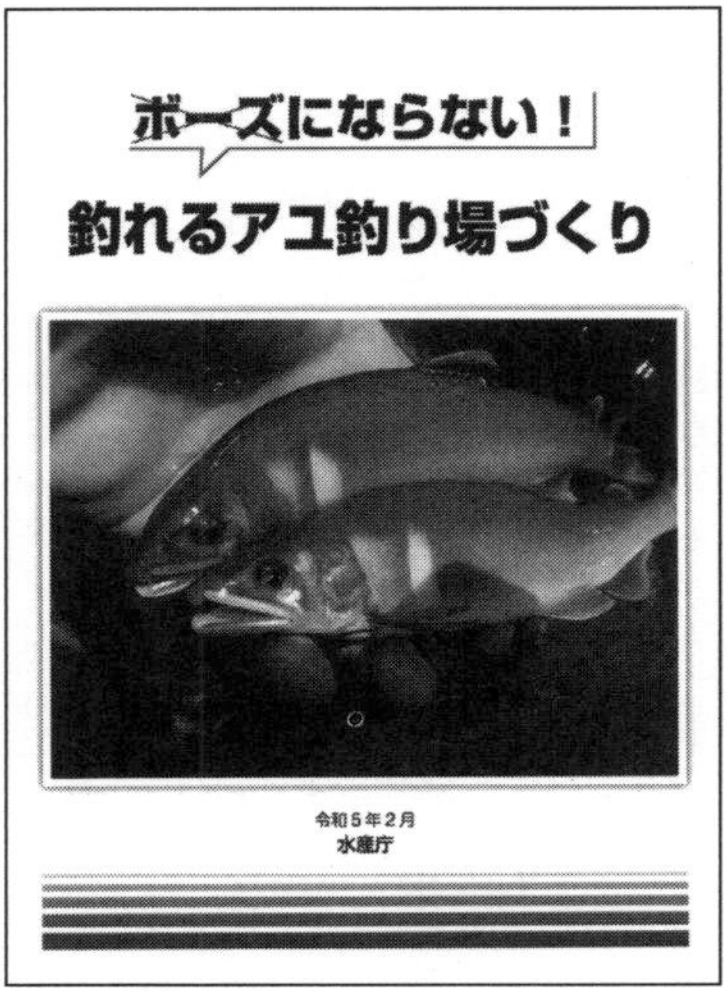

『ボーズにならない！　釣れるアユ釣り場づくり』と題した水産庁の資料表紙

ると思うんですよ。そんな放流アユ釣り場を何とか黒字化させてという（目的で）、水産庁から『ボーズにならない！　釣れるアユ釣り場づくり』。最近、坪井さんが作られた資料ですけれども、特に天然遡上のない川での釣り場づくりについてちょっとご説明いただけないかと。

坪井　これはさっきの、赤字にすごくなりやすいんだという話の裏返しなんですけれども、赤字になりやすいプラス、あと、川もやっぱり昔ほどはよくなく（悪く）なってきて、もうちょっと正確に言うと、よい場所が狭まっているというか。昔はどこでもよかったんだけども今はこのへんだけかなみたいになっている。今、ご覧いただいているY字のところですね（次頁）。昔は全面よかったのが、Yの左上と下流がダメになっちゃって。残った部分だけでコンパクトに釣り場を作っているというところなんです。これが図２の部分ですね。この舞台は栃木県の鹿沼市を流れる黒川という川です。広く見れば利根川水系なんですけど、ほとんどというか全然天然アユが遡ってこない中で、左の縦軸と折れ線グラフ、小さい○でつないであるやつが放流量です。何万尾放しましたっていう実績です（図３）。２０１９年からは本当に経営が危うくなっ

栃木県黒川

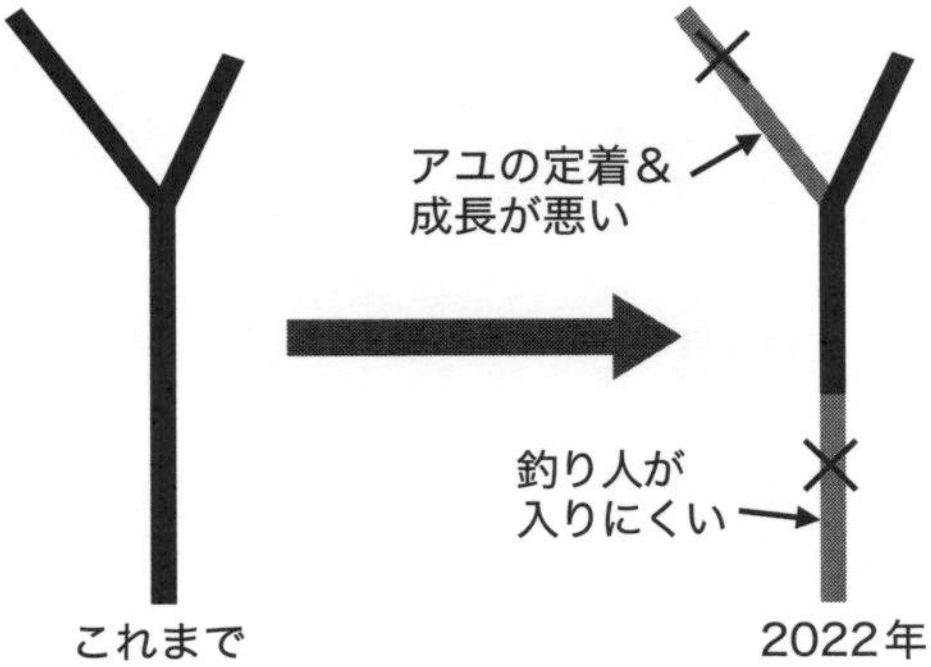

図２ 黒川のアユ放流場所の変化

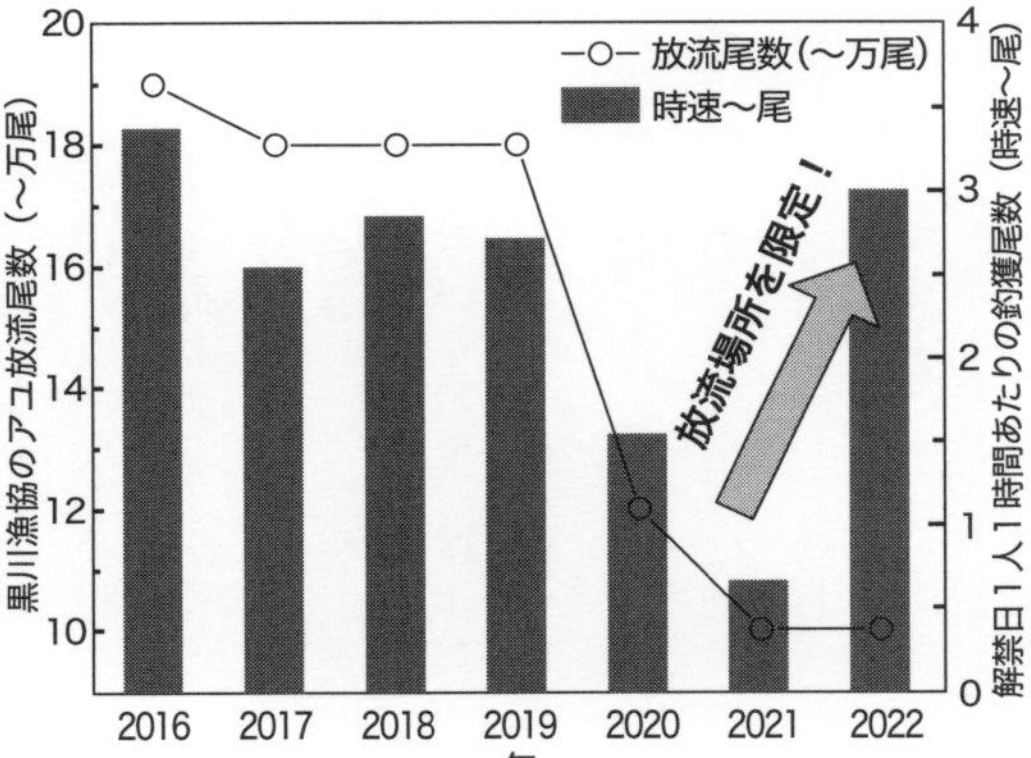

図３ 黒川漁協の放流量と釣れ具合の経年変化

※図２、３＝『ボーズにならない！　釣れるアユ釣り場づくり』（水産庁）「天然遡上のない川での釣り場づくり〜身の丈にあったアユ放流〜」より引用、作図

てきて、２０２０年、２０２１年、２０２２年とマックスで19万尾だった放流量が10万尾ぐらいに減っちゃってる訳ですよね。そういった中で釣れ具合も、やっぱり放さなきゃ釣れないよということで右の縦軸と棒グラフです。放流量が減ると２０２０年にガクッと落ちてますけど、全然釣れなくなってる。天然アユが遡ってこないからこれは当たり前です。放流しなきゃ魚はいないわけですから。ですけれども、２０２２年に、放流場所の集中と選択をして、アユの生息密度をガッと上げて、濃くして「時速何尾」っていうのを、往年の時速3尾に回復させたという事例なんです。

ただこれにはちょっと悲しい裏があって、釣り人の数も減ってますよね、今。釣り道具が売れないとか、遊漁券の売り上げ枚数が伸びないとかいう中で、図2のように全域に釣れる場所を作ろうとしなくてもこれで足りるというか、収まってしまうのもちょっと悲しい話ではあるんですけれども。このタイトルにある「身の丈にあったアユ放流」というか、釣り人の方が来てくれる、その人が1人当たり時速3尾だったら5、6時間釣れば15、16尾釣れるわけじゃないですか。そうしたらオトリも回るしお土産も確保できる。そういう釣り場が作れればいいんじゃないかというところで、昭和のようなイケイケドンドンの経済状況ではない中で、やっぱり令和はこういう放流場所をいかにコンパクトにして、釣れる釣り場を維持していくか、そこが大切なのかなと思います。

ですから僕は和良川の全流程、９㎞って仰いましたっけ？ ９㎞ってあんまり短いとも思わないですね。必要十分なのかなと思ってます。そこに（放流魚を）2トン入れて収入が1000万円近くあればもうそれだけで……これを勝ち組と言わずして何と言うというぐらいで、常勝圧勝じゃないかなと思ってます。

佐藤　その放流量に関して、釣り人の数から必要なアユの尾数を算出するという、こういう資料（次頁）があります。

坪井　これは、さっき生息密度と言いましたけど、なかなか……ここにいらっしゃる御三方は楽勝で計算できると思いますけれども、漁協の方々って川幅が何mとか、なかなか計算できないんですよね。（そういう数字の共有が）難しい中で、でも年券が何枚売れたかということは漁協の関係者であれば絶対知っています。ご自身の漁協で何万尾のアユを放しているか、これも絶対知ってるんですよね。なのでこの数字を元に割り算をしてください。年券1枚当たり、要するに年券を買ってくれた釣り人1人当たりに何尾のアユを放流しているか、提供しているか、それを割り算をしてください。ということになると、A漁協さんは100万÷1万。（放流が）100万尾に対して年券が1万枚売れています。（年券が）1万枚も売れていて、100万尾も放流していれば、いけてるんじゃないかと思ってしまうんですけど、割り算すると年券を買ってくれた釣り人1人あたり100尾なんですよね。B漁協さんは10万尾しか放してないんだけど年券は500枚ぐらいしか売れてない。そういう状況だと1人当たり200尾。同じようにC漁協さんでは500尾ということでかなり充分だろうということで、漁協関係者の皆さんには、放流尾数÷年券の販売枚数で計算していただいて、基準は２００尾。２００尾っていうのがマジックナンバーだと思います。２００尾を切っているかどうか、２００尾を達成できるような放流のやり方を考えるべきだというところです。で、これは、栃木県内のある特定の漁協じゃなくて、放流アユが遡っていない漁協限定でやっていますので、かなり信憑性があるんじゃないのかなというところで。

佐藤　スポットを限定して濃密放流することで集客をして釣れるＰＲをしていかないと。

坪井　やっぱりうまいこと情報発信して、あとはブランディングが上手くいくと、和良川漁協のようになるということですよね。すごいなと思いました。

佐藤　２番目のテーマ「理想の放流アユ釣り場」を考えてみました。次の議題に移ります。

	放流量	年券
A漁協	100万尾	1万枚
B漁協	10万尾	500枚
C漁協	5万尾	100枚

1人あたりの
放流尾数

100尾	足らない
200尾	**標準**
500尾	十分

この値をなるべく大きくすることが重要です。

※『ボーズにならない！　釣れるアユ釣り場づくり』（水産庁）「釣り人の数から必要なアユの尾数を算出する」より引用、作図

第3章

理想の天然アユ釣り場とは

～天然遡上の川に湖産アユはダメ？～

再生産につなげるための飽くなき試行錯誤。

産卵場を増やすことと種アユの確保

佐藤　今度は天然遡上河川が主役です。全国のアユ釣り場の中でも、2大巨頭といってもいいくらいすごい川（九頭竜川・長良川）の組合長のお二人に、まずは天然遡上のアユを増やすためにどんな取り組みをしているのか、中川組合長からお聞きしたいと思います

中川　これは一番毎年苦労してるんですけれども、一番目には人工産卵場ですね。国道8号線から下流側にバックホー（ショベルカー）を入れて、川幅が広いものですから。本当は人力で（川底を）ならしてやるのが一番いいんですけれど、うちの環境委員長がオペレーターでユンボ（ショベルカー）が一番上手で、川のこともよく分かっているので、組合としては（産卵場を）3ヵ所作っています。産卵場を造った時には「人工ふ化場」という看板を使って、釣り人さんには遠慮してもらってやってるんですけれども。この間、内水面の（関係者）とも話したんですけれども、この孵化事業ですけれども、早期遡上も、九頭竜川の場合ですと大体3月が一番最初の遡上なんですけれども、これは10月に孵化した稚魚が海へ帰るということです。九頭竜川中部漁協では湖産も放流している、その中で10月

九頭竜川に設置された
アユ人工孵化場

は、湖産はもっと早いんかなとか、いろいろ取り混ぜながら、釣り場の状況を考えると、湖産も放流しなければいけない、海産も放流しなければならないという中で、来年につながる再生産というと、この間の研究との話では10月に孵化した魚が3月の一番早期の遡上魚の中心になる。じゃあ湖産と掛け合ったらまずいなと。10月の初めに海産で掛け合って流れると、うちの湖産の放流というのがネックになっているかなと今ちょっと考えているんですけれども。

　先ほどの話の、鳴鹿大堰という堰があって、そこからほとんど下流のほうが産卵場になるわけですけれども。じゃあ鳴鹿大堰から上流のほうに湖産を放流して、鳴鹿大堰から下に人工海産と、あと天然遡上と、そうしたほうがいいんかなと考えながら来たわけなんですけれども。うちは平成29年に、先にずっとつながるようにもう海産オンリーで行こうということで海産オンリーの放流をやったんです。ですが新幹線の工事とか、悪い要因が全部重なって大不漁。漁協が長年やっている中で最悪の年を迎えてしまったという。釣り人から苦情が来て、集会までやられて、県のほうにも苦情が届いて。これはちょっとまずいかなという中で、じゃあもう1回湖産をちょっと放流して戻そうかということで少し考えたんですけども。以前は湖産を20トン放流している中で、そういうようなことをある先生が、（九頭竜川には）1㎡当たりアユが2尾おると。1㎡当たり2尾は放しすぎだと。その中で段々と放流量を落としてきて、一昨年で1㎡当たり1尾で、だいたいそれがベターな選択かなという中で。だけどだんだん、去年も遡上が悪くて……一昨年はよかったんですけれど、遡上が悪いと。何を基準にして今後は考えていくべきなのか。再生産につなげていく（ためには）2年、5年、10年先ということも考えていかなあかんのかなと。組合としてできることは、とりあえず産卵場を増やす。それをまず第1目標と、あと種アユですよね。親となる個体をいかに保護してそこの状況へ持っていくかということが一番今後の課題かなというので、今非常に苦慮しているんですけれども。

佐藤　人工孵化は結構やっていらっしゃるんですね。

中川　そうですね、ここ数十年やっとって。「さぎり漁」で獲れたアユをですね、小学生の子供たちを呼んで。これ毎年楽しみにして、希望者は多いんですけれども、あまりいちどきにはできないもんで、何ヵ所かある漁場を分けながら、少しずつ子供たちにも理解をしてもらって、少しでも来年につながるような、アユという魚も知ってもらえるようにということで今はやっております。

佐藤　天然遡上を増やしていくというのはなかなか難しい問題なんですね。

鈴木　この、シュロに付けるというのは効果があるんですか？

坪井　結局、（アユの卵は）水に触れた瞬間、（アユの）卵って数の子より小さいですけども、これがシールみたいにクルっと回るんですよ。それで粘着性が出てくるんで何かに付けなきゃいけないんです。だから、これ（シュロ）に付けることによって（卵が）窒息もしないですし、砂にも埋まらないし、外敵にも（狙われにくくなる）。何かに守られているんですよね？

中川　カゴに入れてある。

坪井　そういった取り組みのおかげで歩留まりがいいんだろうと。

鈴木　孵化する様子は見えるんですか。

中川　ずっと見てれば。ある程度の期間が経てば出てくるのが分かります。

白滝　夜に卵の付いた（シュロを）１本ちぎってコップに入れてさ、孵化する寸前、夜に

小学生によるアユの採卵体験（九頭竜川）

シュロに付着させたアユの卵

なると孵化しますわ。暗いところへいくと。

鈴木　（アユ研究者の）高橋勇夫さんなんかは、小砂利の層で（水深）１ｍぐらいのところで、産卵場所としてはそれが一番いいと。産卵が終わった後、卵がその砂利の中を移動して孵化するという話を聞いたんですけど、これだとそういう形にならないですよね。

坪井　ならないですね。

鈴木　ちゃんと自然に孵《かえ》るんですか。

坪井　はい、孵ります。高橋勇夫さんがなんでその状態が正常で大切とおっしゃっているかと言うと、（アユの卵は）紫外線に弱いんですよ。卵ってすごく小さいから。だからあそこ（93頁写真）にフタがあるじゃないですか。あれは日除けのフタだと思うんですが、遮光のものを。多分長良川もそうですよね？　そういう理由があって、確実に孵化します。場所的に（稚魚が）確実に海まで届くので、それはやっぱり大きいと思います。効果があると思います。これは球磨川でもやってますしね。

地域特性!?　低温有利の常識から外れる

三国沖の驚異的な秋の水温

中川　九頭竜川にはもう1つデータがあるんですけれども、九頭竜川の河口は、三国っていうところなんですけれども、いつも、水産試験場が三国沖の海水温を測って、9月の海水温が、今までのデータから見ると27・3℃っていう基準がある。

白滝　高いな。

坪井　高いですね。

中川　だからこの27・3℃を下回った年は、次の年の遡上が悪いと。27・3℃を上回った場合は翌年の遡上が多い。ここ数年（その傾向が）当たってるんです。

一同　逆じゃないんですか？

中川　それがね、違うんですよ。三国の場合は、僕、何回も確認したんですよ。

坪井　高いほうがよい？

中川　9月の水温ですよ。

坪井　それは聞いたことがないな。

中川　そう、それがここ数年当たっているんです。27・3℃で、去年の。一昨年はですね、それが26・3℃やったんで「来年は、よくないぞ」と言っていたら、そのとおりになったんです。その前の年は1℃高かった。だからよかったんですよ。

坪井　ちなみに直近は？

中川　去年の9月にも、もう気になってますからね。まだかまだかと言っていたら28・3℃ありました。だから今年はちょっと期待したいなと思っていて。また今年その傾向が当たったら、それはね。

坪井　そうなったら、僕が調べますよ。（後日談ですが）実際に今年の遡上は非常に多かったんです。よくよく考えてみると、中川さんが仰った「三国沖の海水温」は、河口付近の水温の「目安」といえます。以下は仮説です。水温が非常に低い九頭竜川では、河川水の影響で、河口域の海水温が非常に低く抑えられていているでしょう。そのため、海水温が高いほうが、アユ仔魚の生存率が高いんじゃないかなと。実際には、アユが経験する海水温は28度ということはなく、あくまで近隣の海水温の相対的な目安なんでしょう。

佐藤　常識的にはやっぱり9月の海水温というのは（影響する）？

坪井　まあ低いほうがいいですね。高知の高橋勇夫さんだって、高知沖の海水温24℃……24・3℃って言ってたかな？　10月11月の。低いに越したことがない。黒潮の大蛇行とか、海流によって海水温は変わるので、でも低いほうがいいというふうに仰っていて。（九

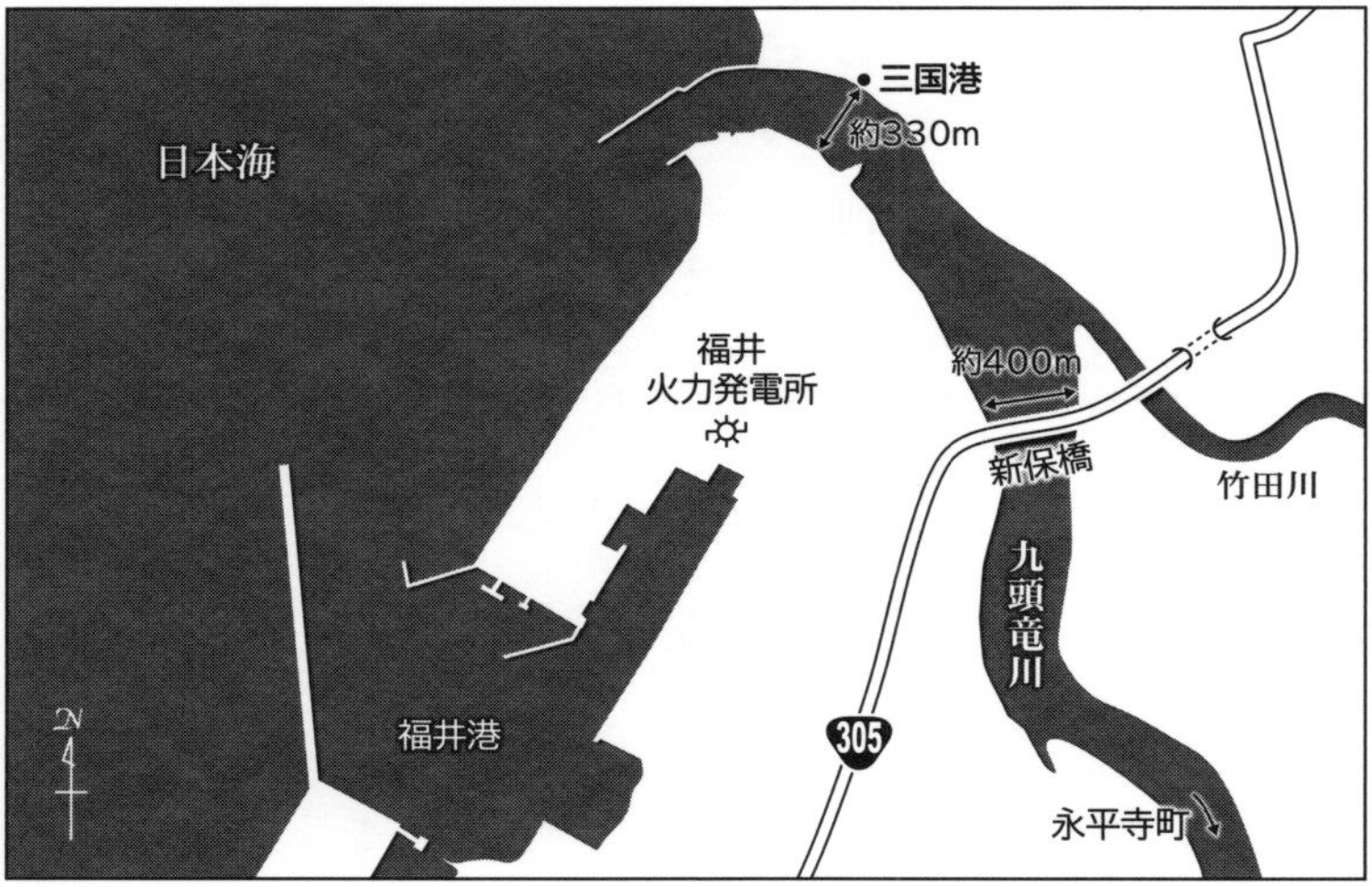

頭竜川の傾向は）その逆なので。しかも27とか28（℃）とか、かなり高いレンジの話なので、ちょっと分からない。ですけれども、僕、いろいろ調べたんです。で、九頭竜川の一番アドバンテージがあるなと思ったのは、河口がすごい立派な港じゃないですか、三国港じゃないですか。あれはセコイですよ（笑）。だって（稚魚が）逃げていかないもん。伊勢湾みたいなもんですよ。（河口部が）湾になってるので（稚魚が）海流にさらわれていかないんですよね。九頭竜川の他にも富山湾の神通川とか庄川とか……。

鈴木　（稚魚の時期って港の）中にいるの？　稚魚時代に。

坪井　（港の）中にいますよ。

鈴木　あれ（港の中）から出ない？

坪井　出ないですよ。かなり近いところにいます。大きくなってきたら、希に寒くなってくる時期なのでもうちょっと深いところにというのはあるかもしれないですけども、たぶんあれだけ大規模に囲われていたら（出て行かないと思います）。

鈴木　でかいからか～。火力発電所とかあるしね、こっち側（河口の南側）に（笑）。あそこにも（稚魚は）行くんですか？

中川　そこも一応行くと思います、福井新港なんかも入って。

鈴木　あそこなんかも絶対水温高いですよね。普通よりも。

中川　そうです。だからあそこへ入った魚は、よっぽど海流の影響を受けにくくて、外洋に出ていかないのかなと思ってます。

坪井　水温が高いと何でダメかっていうと、アユってすっごい成長がよくて代謝が高いんですよ。水温が高ければ高いほどさらに代謝が高くなるので、エサの要求量が増えるんです。そうするとプランクトンの量が足りなくなっちゃうんですよ、1尾当たりの。それで餓死しちゃうんです。

鈴木　それと高橋（勇夫）さんの昔のデータは、水温が高いと小魚が残っていて、それが（稚魚を）食べちゃうと。アジだとかクロムツの子だとか。

坪井　あとはカタクチイワシとのバッティングね。

鈴木　いわれてますよね。だから海水温が28℃なんてあったら（アユの稚魚が）格好のエサになりそうじゃないですか。

中川　そうなんですって。それは、そのデータは合っているんですよ。これは27・3℃。

坪井　これは福井の担当に……。

中川　これはここ数年それが当たっておるし、これがバロメーターになっているし、気になって気になって。

坪井　興味深いですねそれは。

中川　こんなことがあるんですわ。やっぱ地域地域で。

坪井　地域によって（傾向が）違うのはそれは間違いないです。

天然遡上は放流量の1・5倍（約600万尾）ほしい

漁協はそのために何をすべきか

佐藤　その地域の中でも、今までは日本海側の九頭竜川についてでしたが、まさに背中合わせという形で長良川は流れていますけれども、郡上漁協では天然アユを増やそうという取り組みはどういう形で。

白滝　今、中川組合長が言われていたように、海へ入ってからのさまざまな要因であるとか、坪井さんも言われたようにカタクチイワシとの競合であったりとか、それはまあ我々の手の及ばないところですのでいったん置いておいて、とはいってもそれも気にしていますからデータ取りはしてるんですけど、今は長良川全体で大体40トン４００万尾の放流がなされているわけなんです。そのうち16トン１６０万尾が郡上漁協です。で、過去に、これは僕の経験値ですからあくまでも、学者の人とは若干見解のズレはあろうと思いますが、長良が「今年は豊漁だ」と言った年は長良川にどれだけ魚がいたから豊漁につながるかっていうの（基準値）は約１０００万尾なんです。ですから放流量の１・５倍（約６００万尾）の魚が天然遡上としてほしいわけなんです。まだ（川の生産能力が）あるんです。ちゃん

岐阜県魚苗センター施設内部のようす。同施設は 70 トン（700 万尾）近い生産能力がある

長良川（岐阜市内）で捕獲されたアユ親魚からの採卵

と管理さえすれば、「そのためにじゃあ漁協は何をすべきか?」ということを考えた時に、もちろん放流する魚というのは、放流して漁獲をするための魚ではあります。けど、あの大きい河川で残る魚（の数）は莫大に大きいわけです。その魚が下流域へ降って産卵に参加した場合に、しっかりと再生産に寄与する魚であることってのが、一番の条件だと思うんですね。

だからそのために何を入れるか。それは長良の河口辺りで捕った魚でも持ってきて入ればベターなんでしょうけど、その代わりに幸い岐阜県には一般財団法人の岐阜県魚苗センターという施設があります。ここで70トン７００万尾の魚を作る力があります。ですから我々長良川水系の漁協は、１００％とは言いませんけども、90％以上をそこの魚のみを入れるようにしています。作る魚は長良川の下流域で、先ほどの九頭竜川では「さぎり漁」、うちでいえば「瀬張り網＝ていな漁」で捕った親アユから（精子や卵を）絞って、オスメス掛け合わせたものですね、それを使うわけなんですけれども。よくＦ１というと異なった種類を掛け合わせた「雑種第1代」と言われるじゃないですか。アユの場合のＦ１は、少なくとも両親とも天然であるなら、一番天然遡上に近いアユと言うことができると思うんです。それをするということを心掛けて。この方式が「長良川方式」ということで持続可能な再生産に関わる天然遡上河川のモデル方式ということで近年認められてきているんですが。

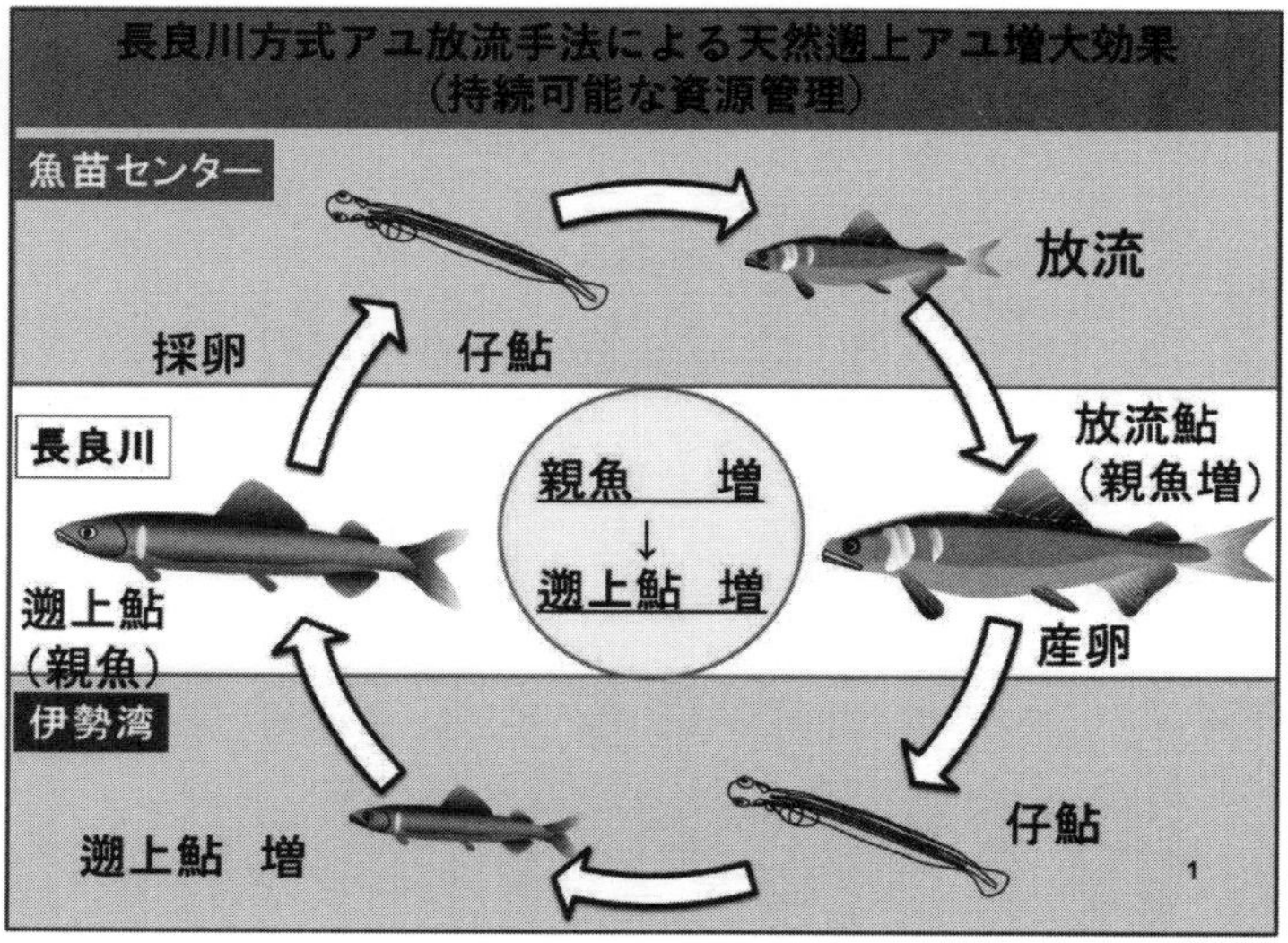

僕もいろいろな所で話をする時、これはよくPRしながら、そして魚苗センター自体もよくPRはしているんですけれども、結局なぜこの方向へ来たかというのは、やはり今の「清流長良川の鮎」ということでFAOから世界農業遺産に認定された、そこには持続可能な資源管理というものは必要不可欠だったわけです。さらにそのために何をするかというと、やはりアユがメインですのでもうこれしかないということで今に至っております。幸い大きな失敗はなくやってきているという中で、これだけでは物足りないということで、今度は流域の7つの漁協が1つになってアユの卵を絞り、この種苗用じゃなくて自然に流下させるという作

業もやっています。これはだいたい毎年1億卵を目標に、少ない年は９０００万程度で止まりますけども、特にまあ来年あたりはもちろんうちも１００％海産系で、魚苗センターの魚のみでいきますし、流域の漁協もそれで入れてくれる。要するにアユなんていうのは、僕は釣れる・釣れないは、先ほど坪井さんがお話しになったように密度だと思っているんですね。その密度が長良川の場合は１０００万尾（が適当）だと。で、１０００万尾放流してもいいんですよ、いいんですけれども、幸い６００万尾ぐらいは、しっかり川を管理をしていけば天然アユが遡ってくれるという数字であるなら、それをうまく利用しましょうねと。それが今の現実であり発想なのかなと。そう思いながらこのことは方針をブラさずに今後もやっていかなきゃならんなと思っているところなんです。

今、長良川に遡上するアユの月齢を調べてみますと、10月くらいに生まれたものから遅いものは年を越した1月（生まれの個体）までいるわけですよ。地球温暖化とかいろいろな気候変動もあるんですけれども、一番欲しいのは早い時期にそれなりの大きさになって、やっぱり早期遡上の魚がいいんですよ。見た目もウロコも細くていいんです。それが欲しいものですから、どうしても遅くなりつつある時に、なるべく早期遡上群の魚を増やそうということで、一番最初に遡りかけた魚をその場で捕っちゃうんですね。上る前に河口堰で捕っちゃうんですよ、トラップを掛けて。それを魚苗センターへ持って行って、これはまだ県の研究者がやっている段階なんですが（稚魚を）育てて翌年の親魚にしようと。同じ系統ではあるけれども早期遡上群という特別な位置づけで、やはり河川の上流部あたりは特に水温の低いところですし、（早期遡上の魚が）欲しいなというのが実情でして。それをやっているのは、これに付帯したという形の中で、発眼卵放流も自然卵放流もそうなんですけど、やっているということです。いずれにしても、せっかくある天然資源にいかに助けてもらいながら生き延びるということ、それが長良川方式のメインだと。

鈴木　上ったやつをつかまえるわけじゃなくて最初に来たやつを。

白滝　そうです、それこそ、全国的にも、釣ったりしてやってみえますけど、過去にやったんですよ。僕も絶対にオトリに使わないようにして釣ったアユを育ててもらったんですが、（当時の技術では）やはりいっぺん川に入ったもの（魚）を人の手で飼うことは無理でしたので、とりあえず今の段階では。そして量産化というのは無理ですのでね。

坪井　結構全国で、釣れたアユだけで種苗生産とかもやっていますけども、そんな単純じゃない。つまり、友釣りで釣られたアユの子孫が友釣りで釣られやすい、ということが前提になりますが、それは、ナワバリをつくる性質（能力）が遺伝子で決まっているという仮定です。でも、その仮定が成り立つとすると、友釣りが非常に盛んな長良川では、友釣りで釣れるアユはとっくに絶滅していることになる。でも実際はそうではない。遺伝的、つまり、先天的な要素のほかに、後天的な、例えば、たまたま早くに生まれたとか、成長がいいとか、いう後天的な要素、また、季節、一日のなかでの時間帯、そういった複合的な要素で、ナワバリをつくる、つくらない、が決まっているんだと思います。友釣りで釣れたアユから種苗生産をするということは過去にやっている。うまくいかない理由はやっぱり、天然アユが、ここまで大きくなったもの（成魚）とか、遡上直後でもいいんですけど、人工環境下で産卵まで持っていくというのが、なかなか難しいんですよね。

白滝　飼いならすことすらできんらしいもんね。

坪井　そうなんですよ。川で育ってしまったもの（魚）を新たに養殖環境で飼うというのは、かなりテクニカルなんですよね。何となく人間が考えると、早期に遡ってきた魚を郡上の大和町で捕ってとか、遡上性能が高そうじゃないですか。でもそうじゃなさそうだということが分かってきて。だからF１だけにこだわるっていうのは、初回のサクラマスの話でもあったんですけど、なるべく野性味の強い、本来の魚に近い形の（種苗生産）っていうところは今後もキーワードにはなってくるんだとは思います。

白滝　これがね（次頁写真）、実は2年前から岐阜県水産研究所が推奨しながらやっている。これまでずっと中川組合長のところと一緒で、シュロに付けて人工河川で寒冷紗を張って沈めて孵化させていたんですよ。もう少し集約的管理ができるということで、これワカサギと同じ孵化器なんですよね。けど、通常に受精卵入れちゃうとそこらへんにくっついちゃうじゃないですか。だからくっつかないように表面の反転膜を取っちゃった処理を施してやるんですよ。ですが、これ僕は実は、また県の人に叱られるかもしれないけど、あまり

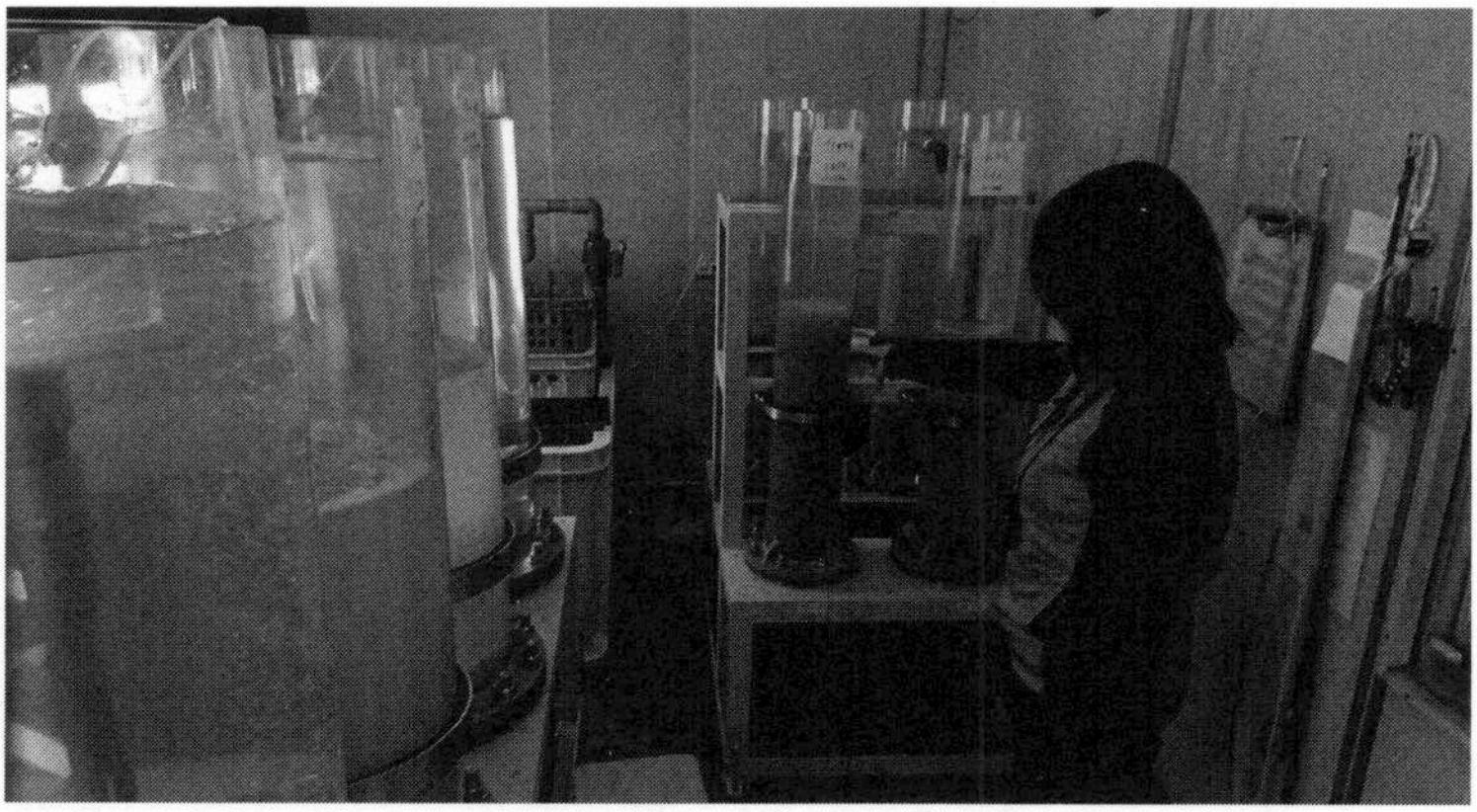

岐阜県漁苗センターのアユの孵化装置。透明な筒の中にアユの受精卵が収納・管理されている

賛成じゃない。

坪井　ぼくも否定的。

白滝　だろ？　だって、産まれて受精したての卵を泥水と、要は卵に泥を付着させて粘着性を取っちゃうんですよね。粘土を使って取るんです。そんなものと一緒に、洗濯機で混ぜて、卵だけ取り出すなんてことは。人間でもそうだよ、お腹の中にいる赤ちゃんを混ぜ返すようなもんじゃないですか。僕は正直このやり方には否定的でして、ゆくゆくは意見も発しながら徐々に元へ戻したいなと。手間は簡単です、掛かりませんけど。

坪井　このやり方はテクニカルなんです。テクニックが要る。酸欠にもなりやすいし。このオペレーターの女性の

方がどれほどの技術があるかは分からないですけども、ずっと2週間、孵化までね、四六時中付いていられるわけじゃないですし、これを作った方も「なかなかテクニックが要る」と仰ってたので。一発がデカいんですよ、ミスすると。集約的に管理してるもんですから。

白滝　何千万粒ってなっちゃうんだよね。

坪井　なので、やっぱり、粘着性を取るというのが、感覚的にですよ、肌感覚としてよろしくないかなと。

白滝　ああよかった、俺にも味方がおった。

一同　笑。

白滝　いずれにしても、せっかくある天然資源ですから、有効に利用させていただきながら、それに悪さをしない、種苗放流をしていこうというのが長良川方式というふうに理解していただければいいと思います。

鈴木　長良川方式っていうのは、長良川だからできるんですか。ほかの県ではできない？

白滝　岐阜県魚苗センターのような、莫大な量の種苗生産を、集約管理で出荷までの間やれる技術と施設があればできます。

鈴木　ないんでしょ？　そんなの。

坪井　ない。はっきりいって、お金も施設もあるところもありますけれども、人がまず、ちょっとすごいんですよ。やってらっしゃる方が。あと、全部F1という、天然アユから

しぼった卵精子で作っているっていうのがまずすごくて。僕も山梨県の水産試験場に、「水産技術センター」っていうんですけれども、山梨県は……、（長良川は）県の魚苗センターでしたっけ？あれが県直営なんです。だから県の水産試験場、僕が主担当でやってたんですけど、F1は歩留まりが（※注・ここでいう「歩留まり」とは卵から出荷までの生存率）。

白滝　悪いんだよね。

坪井　11％です。普通60％ぐらい出るんですけれども、もう全然難しいんですよ。それで僕は「海水が使えないから」っていう言い訳をしていたんですけど、岐阜も海水を使えないじゃないですか（笑）。すごいんですよ、すごい難しいことを毎年コンスタントにやっていらっしゃるので。あと、もうちょっとしゃべらせていただきたいんですけど、種苗生産ってつらい仕事で、上手くいって当たり前なんですよ。悪かった時だけボコボコにされるっていう。中川さんの、釣れて当たり前で、釣れないと反対集会まで開かれちゃうという、ちょっと似たところがあって。常勝、常に勝つということを求められてるので、それがすごいプレッシャーなんですよね。そういった中でF1だけでやっていくっていうのは、なかなかの度胸だし技術がないとできない。しかも600万尾？

白滝　いえ、700万尾は確実に作りますね、毎年。

中川　福井県の内水面も、こういう（放流）、取り組んでやっております。

坪井　F1がメインですよね？

中川　親を捕ってＦ１メインで。ここまで大きくはないですけれども、やっぱり足羽川で親魚を捕って育てて採卵して。うちも中間育成施設に、若狭湾の（福井県水産試験場）栽培漁業センターで０・６ｇまで大きくなった稚魚を取り入れて、今、約50万尾を蓄養しているんですけど。

坪井　で、（稚魚の大きさが）０・６ｇで、種苗生産の担当者が手放そうと思えるだけの、行く先々の技術が要るんです。受け入れ先がないと手放せないので。０・６ｇってまだほとんどウロコができてないんですよ。こういう状態ですよ。要するにまだウロコがないシラスの状態で出さなきゃいけないので、かなり収容先でテクニックが要る。しかもまだそのくらいのステージだと、人工海水？　淡水化してから？

中川　一応、受け入れた時は３分の１くらいが海水です。

坪井　そう、そのくらいですよね。だから人工海水を作れる人がいないとまずいけないし、かなりテクニックが要るんですよね。なのでこういう種苗生産の、ただ（やり方は）ほぼ確立されてます。確立はされてるんですね。技術を持った人がいるかどうかだと思います。

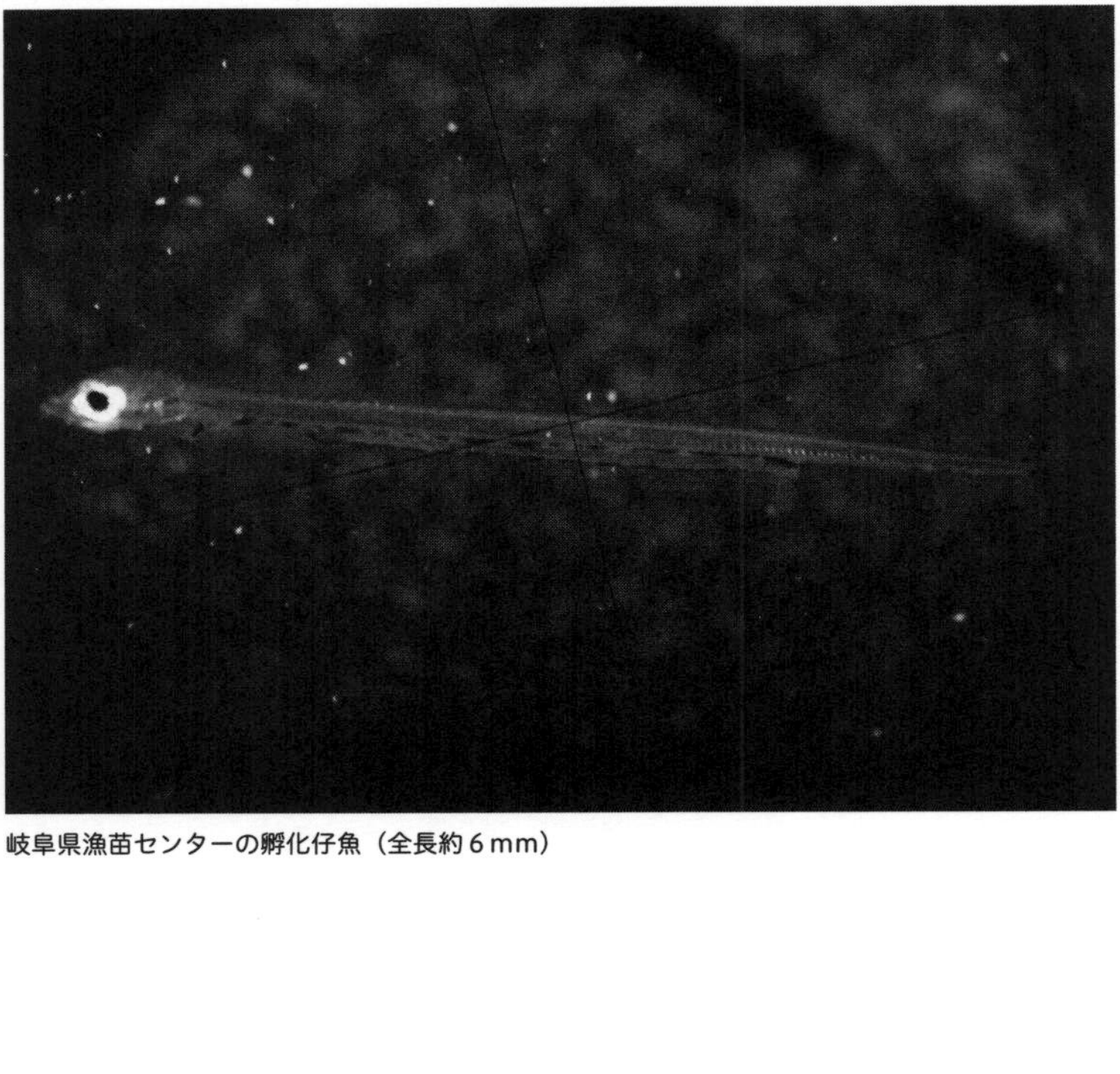

岐阜県漁苗センターの孵化仔魚（全長約６mm）

アユの「系統」の話
琵琶湖のアユと普通のアユは10くらい離れている

佐藤　持続可能な資源管理というところで、長良川の遺伝子を次代に残していくという意識が非常に高いんですけれども。ここで、アユの系統というのが実はあって、それが6系統あると。この系統というところも考えた、今後は持続可能な資源管理というところでいうと、意識していかなければいけないのではないかと思っているのですが。坪井さん、この6系統に分かれるという話をちょっとお願いします。

坪井　まずですね、6系統に分かれるのは普通のアユ、標準和名アユの話で。今、奄美大島にも少なからず残っていますけどリュウキュウアユっていう種がいて。あとこの地図（次頁）で、琵琶湖が入っていないんですよ、実は。なぜかというと、琵琶湖産のアユが違いすぎるから、なんです。普通のアユとリュウキュウアユが１００ぐらい離れているとすると、琵琶湖のアユと普通のアユは10くらい離れているんです。これって結構離れていて、ちなみに、韓国に棲んでいるアユと日本のアユは1ぐらいしか違わないんです。だから、いかに琵琶湖産のアユが異質なものか、その琵琶湖という中で進化してきたかというとこ

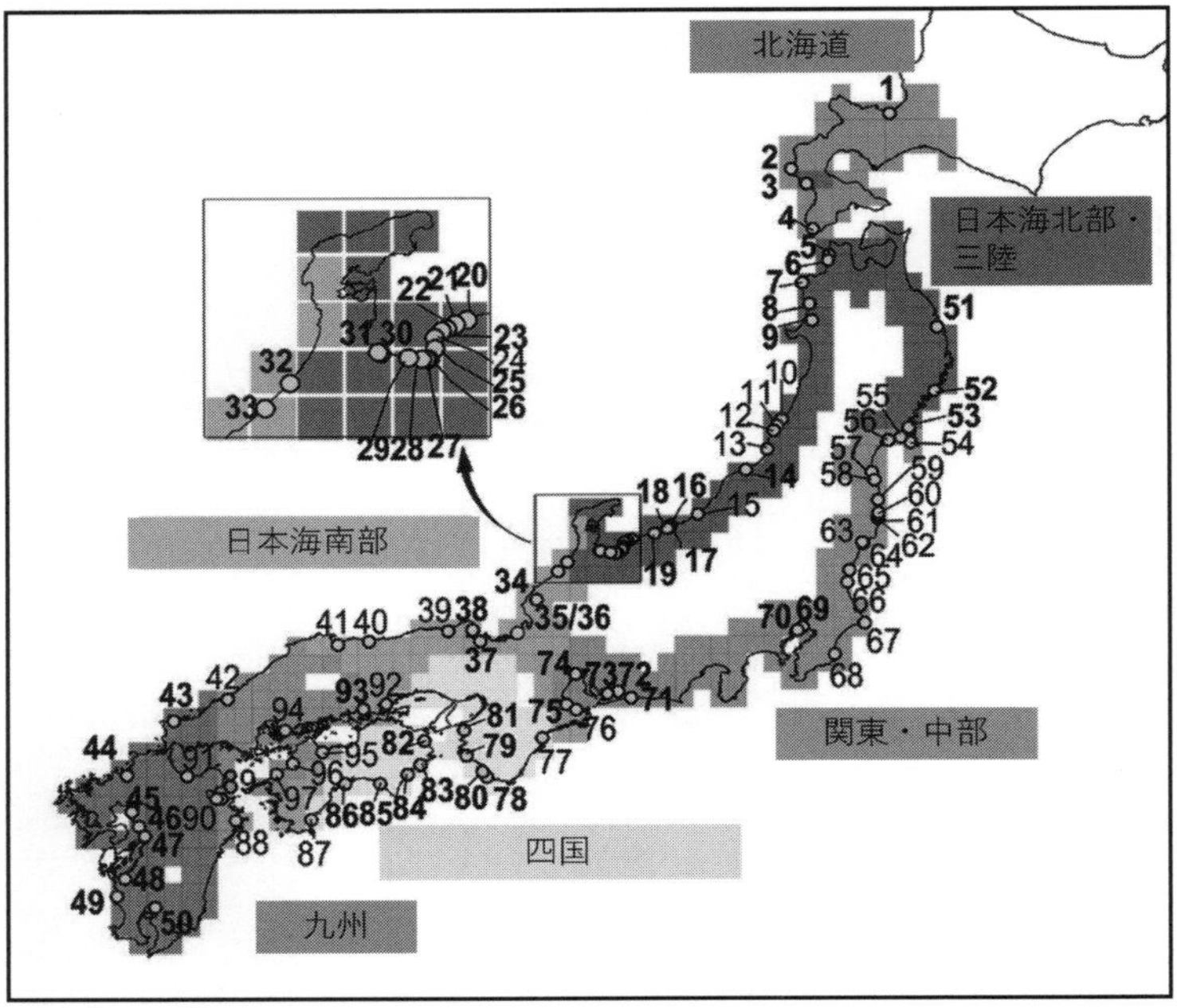

アユの系統地図（Takashima et al.2016 を改変)。遺伝子解析により、日本のアユは 6 系群に分かれることが明らかになった

ろが、そうなんですよ、結構違うんですよ。韓国のアユと日本のアユは1違うってことがこれまで分かっていたんですけど、0というか（一般的なアユは日本全国どこの川でも）違いがないって思われていたんです。でも、やはり地域間で差があって、地域的にどのように分かれてますかというところで色分けしてあるわけです。北海道と本州は違うし、本州の中でも日本海・三陸群と、南に下ってくると関東・中部群、それと四国・九州で分かれていて、あとまあ日本海は分かりやすいですよね、能登半島で分かれると。これ（能登半島）でね、海流も能登半島の東西で全然違うし、捕れる魚も違うし、やっぱりアユも違うんだなというところですね。あとは日本海南部（山陰地方）の群があると。

一同　神通川と九頭竜川がね、（アユの系統が）違うんだ。

中川　それは僕ら能登半島で分かれると聞いて、富山や新潟のアユをこっち（福井）に持ってきてもダメやし、うち（福井）からあっち（新潟や富山）に持って行ってもダメやでってそれはやかましく言われたよね。

坪井　なので、ちょっと地域を意識した（資源管理が必要）というところですね。ただ逆を言うと、直近の隣の河川とぐらいは行き来があって、遺伝的に同じグループに分かれるというところなので、この間、鈴木会長ともお話ししましたけれども、そんなにギッチギチに「この川じゃなきゃダメ」ってことはないんですけど、近所ぐらいで融通し合っておいたほうがいいよというぐらい。このぐらいだったら現場でも皆さんに聞き入れていただ

福井県九頭竜川の天然アユ（上）と、富山県神通川の天然アユ。どちらも北陸エリアのアユだが、遺伝的系統は異なる

けるのかなというところです。

佐藤　この、主な理由としては海に降った時の水温の違いとか、要は元々ＤＮＡが歴史の中で培ってきた川なり海なりに合わせた体を持っているからですよね。

坪井　そうですね、まさにそこに尽きると思います。やっぱりパッと思いつくのは、東北の群であればやっぱり雪が多かったり夏が短かったり、あと雪代がありますよね。雪代つながりで新潟富山ぐらいまで一緒なんだろうなと。宮城以南はそんなには雪が降らないじゃないですか。

鈴木　日本海側と太平洋側と違うって散々言われたけど、違わないんですね。

坪井　だから津軽海峡で行ったり来たりしてるんでしょうね。ただ、北海道だとまたさらに冬が長くなりますし、やっぱり代謝の問題があるんじゃないですかね。

鈴木　早いもんね。（海に）落ちるのがものすごく早いから北海道は。

坪井　もうお盆で終了ですからね、9月に産卵していたら、すでに手遅れなわけです。だって米代川（秋田県）だって産卵はさすがに9月に入ってからですからね。それでも遅いわけですよ、北海道では。ですからやっぱりそういったところで違いがあるのかなと。これは２０１７年の研究結果なんですけど、膨大なサンプル数で圧倒的なデータ量なんで、今後これ以上のものは出ないと思います。これは皆さん１つ覚えておいていただいて、やっぱりその地域の遺伝子に合ったたっていうところで（資源管理をというのが）意識しておくべき課題なのかなと。

鈴木　遺伝子ってね、おっかなくて、研究者というのはこれをさらに細かくする人が出てきて、それが怖いですよね。これで長良川方式っていうのが各地域でね、今までの話でいえば6系統に分かれているところで、大きな川で、長良川方式っていうことで何十トン、何百トンという種苗生産が可能になったとしたら、その地域は、そこで生産した魚だけを放せば全て同じ遺伝子の魚になるわけですよね。

坪井　理論的にはそうですね。

鈴木　たとえば、関東でいったら、那珂川だとか久慈川だとか狩野川なんかもそうですよね。狩野川は元々ね、静岡何号とかいろいろ作ってたところですから。狩野川の漁協も裾野の種苗生産施設、あそこはかなりの量ができますからね、狩野川もできると思うんです。(狩野川の)井川組合長と私は同じ釣りクラブなので去年話を聞いたら、もうこれから海産以外は放しませんと言ってましたので。だとすれば、今、長良川方式みたいにして作った魚を狩野川から他の川にも移せると、売れるということになりますよね。それを関西は関西、九州は九州というふうになったら、今まで本当によく分からないものが放流されていたのが、統一されてきますよね。

坪井　ちょっとは。

鈴木　そうするとかなりアユの環境的には、釣り人側から見るとすごくいい環境になってくるというふうに思うんですけどね。でもそれは日本の釣りの世界、アユ釣りの世界としては、何としても各県とは言わないけども、この6つのブロックの中でやってくれるところが出てきてくれるというのが一番大きいですよね。

坪井　それはそうだと思います。

鈴木　東北だったら米代川とか最上川とか大きい川があるわけだから、ああいうところがやってくれればいいですよね。

坪井　ありますよ、はい。まあそういう中で、ただ、大澤さんのところ（和良川）は琵琶湖産を放されているって言っていて。九頭竜川でも、苦慮しながらも、湖産にしようかな、海産にしようかなって、もう中川さんの心中を察するにですね、あまりつらいことは言えないです。ここで、1つお知らせしたい情報があります。シラスウナギをカンテラで捕るやつあるじゃないですか、あれのアユ版を作ったんです。元々は外来魚の稚魚を集める用だったのが、（アユの稚魚が）捕れるようになって、11月末とか12月の初旬に、それこそ三国港に浮かべたら、来年度その（海水温が）27・3℃かどうかみたいな、言っちゃ悪いですけど当たるか当たらないか分からないものよりもほぼほぼ確実に分かるんですよ。で、11月、12月に分かったら、あ、今年少ないわ、やばいわって、多めに（稚魚を）買わなきゃ、とか、そういうのも分かるようになるわけで、それはかなりいいんじゃないのかなって。少なくとも、購入量がね、大人の事情もあるし予算もあるでしょうから（稚魚を）買う量は変えられないということだとしても、今年は天然遡上がいいよって分かったら鳴鹿大堰より上流だけに湖産を放すとか、いろいろやりようがあると思うので。早めに遡上量が分かれば、できることも多いんじゃないかなっていうところで。オチはやっぱり、魚偏に占うで「鮎」ですから、すがる気持ちはすごい分かるので。1つそれに解というか、その解答ができるような状況や技術になってきたので。そのあたりはまた早めにお知らせします。

中川　ちょっとお手伝いください。

坪井　はい、よろしくお願いします。

鈴木　大澤さんのところ（和良川）も、長良川だとか、この区域（同系統の範囲）ね、長良川方式みたいにして作った魚を入れるのが一番いい方法なのか。

坪井　理論的にはそうですけれども、ただ、ここは、僕は生態学者ではなくて水産学者なので言わせてもらうと、僕は、湖産で体高のある容姿のいいアユがいいというのであれば、ダムが、まあ言い方は悪いですけれどもあってしまう特権というか、琵琶湖産でいけばいいんじゃないのかなと。ここは割り切って。さっき、人工海産も入れているとおっしゃっていましたけれども、僕だったら、もう100％（琵琶）湖産で。僕が組合長ならですよ、それでもいいのかなとは思います。

佐藤　ゾーニングって考え方がと仰っていましたが、それこそ神通川に関していえば、神通川の上には高原川や宮川があってという中で、神通川は完全に天然（遡上魚）のパラダイスみたいな川ですけど、その上は高原川なんてもう完全に湖産のパラダイスみたいな川ですよね。ゾーニングという言葉を使っていいのかは分かりませんが、そういう形での存続の仕方みたいな部分もありますよね。

坪井　渓流釣りでもキャッチ&リリースをして野生魚を守っていこう、大切にしていこうというゾーンから、積極的に成魚放流をしてというような区間を作って、束釣りがいいかどうかはちょっと置いておいてですけども。アユでもそういうゾーニングというのが流域一貫でこの考え方に沿ってやっていくというのは、すぐには難しいいろいろな事情もあると思うんですが、将来的にはそうなるべきだとは思いますよ。ただ、今やってきたことを、そっくりそのままこれに従えというのも乱暴だし、やっぱり湖産という「禁断の果実」を知ってしまった今、なかなか、大変ですよね？（笑）現場で。なので、そこは、ブレてしまう部分もあるかもしれないですけども、最新の知見はこうだっていうことは皆さんに知っていただいた上で判断していただく。で、（今後は）緩やかに、鈴木会長のおっしゃる方向になっていくと思います。

鈴木　だから今言った施設の問題だとか技術者を育てることだとか、問題があるじゃないですか。それも今までたとえば日本の釣具のメーカーさんであったり、あるいは釣り業界の小売業の人たちであったり、あるいは釣り人だったりというのが、全部（水産関係者に）お任せですよね。今後はそういうことに対して、釣りの世界の人たちも、技術者を育てることとか施設を作ることに対しても、金銭的な部分も、マンパワー的にもお手伝いをするようなことが各地域で行なわれないといけないなっていう感じはするのね。

坪井　できたら最高ですよ。もう釣り人のために僕らは、当時、アユ種苗生産担当だった僕はやっていたわけですから。そこに釣り人の方のサポートが入ってくれたら、それは人的にも金銭的にも入ってくれたら大変助かります。だって種苗生産にかかる電気代もすごいですし、そんなことを話し始めるとちょっと終わらないんですけれども、釣り人や釣具メーカーさんにも、種苗生産に対して、何かサポートをいただければうれしいなと思います。

鈴木　たぶんね、これ全国でやるとすごく難しいと思うんですよ。ただこういうふうに地域的にいうと、そこの地域に有力な人たちがいるじゃないですか。そういう人たちが協力しやすくなると思いますよね。それは（公財）日本釣振興会とか（一社）日本釣用品工業会とか関係団体がありますので、そういうところでも協力をしてもらいたいと。

佐藤　それではそのような感じで、「理想の天然アユ釣り場」、このテーマは終わりにしたいと思います。

第4章

アユ釣りファン集客アップの施策

アユの付加価値をいかにして高めるか

アユ買い取り再考、女性へのPR

佐藤　最後のテーマです。組合長の皆様はより多くの釣り人に来てもらいたいということが一番の命題だと思いますので、このへんの取り組みを、今後どうやっていけばいいかを考えていきたいと思います。大澤さん（和良川）は（施策が）完成されている感じはしますけど。一番大きかったのは（釣ったアユの）買い取りについてというお話をされていました。

大澤　関東、関西、けっこう遠方からいらっしゃるんですけども、釣ったアユが美味しく食べられて、現地で買い取ってもらえるのは（他所では）なかなかなくて。それはすごい魅力だということでお越しになる方が非常に多くてですね。「岐阜はいいなあ！」と皆さん口を揃えて仰います。僕も、近くの八百屋さんが昔はアユの買い取りをやってたんですけど、子どもの頃からずっと買取所というのがあってですね、そこに（釣ったアユを）持って行って出荷するというのがすごく楽しくて。大人の人とも競争できたり、その場所へ行くと友だちが増えるんです。釣り仲間で、どうやったかってしゃべれたりして釣り人同士のコミュニケーションの場になったりですね。それが一番集客（につながっている）の大きいところではないかなと思います。魚釣りの基本である、釣ることから食べることまで全部川で楽しんでいただけるような仕組みを作ったらよいんじゃないかなと思いますけどね。

白滝　歴史については鈴木会長のほうが僕よりたぶん詳しいんですが、大正年間から、それこそ伊豆の漁師の先鋒の飯塚利八さんが長良川へ遠征し始めた頃からの伝統で、当時東京の日本橋までアユを送っていただいたことによってこういうシステムも出来上がったと。伝統的に綿々と続いてきましたが、この時代になってみますとやはり、釣り人の皆さんが釣りに来てもらって、お土産1回はみんな持って帰るじゃないですか、「今年の初物だよ」って。けど、そんなに持って帰ってもという中で、(買取所で)売ることでガソリン代の足しになったり、時には飯代になったりオトリ代や遊漁料はもちろん、その程度は稼げますから。郡上へ行けば、まあ長良川でも和良川でもそうですけど、アユを買ってもらえることで経費削減って感じで、来ていただいているお客さんは非常に多いと思うんですよね。それとあとはやはり「食」としてのアユ、これはもう大澤組合長が頑張ってくれているんですが、全国的にも(評価が高い)岐阜のアユということを考えると、この施設(買取所)がなかったらまとまったアユを均一下に選別しながら、品質を統一して出すなんてことは無理ですから。そういった意味では、すごく価値があると思うし、ネーミングといいますかブランド化というのはですね、それこそよく資料でも僕出しますけど、いかに全

「清流長良川の鮎」の看板が掲げられた郡上漁協のアユ買取所

買い取られたアユは鮮度が落ちないように素早く選別、手当てがなされ、出荷の準備が整えられる

岐阜市中央卸売市場での天然アユの競りのようす

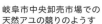

国的に知らしめるかということとともに、アユの付加価値をいかに高めるかってことにもつながりますんで。マリン・エコラベル、これなんかも高級な食材店には今マリン・エコラベルがないと売れないという時代になってきましたが、正直これも淡水魚では郡上のアユ漁業だけが取ってるんです。世界的に見ても、北米の「パーチ」って魚と、長良川の郡上アユの2品種だけが今取得しているんです。これも行政の骨折りもあったりして、いろ

マリン・エコラベル・ジャパン
漁業認証証書
認証番号 ： JFRCA20F4600011
認証有効期限： 2022年2月1日から
2027年1月31日まで
認証発効日： 2022年2月1日
認証証書発行日： 2022年2月4日

マリン・エコラベル・ジャパン
流通加工段階(CoC)認証証書
認証番号 ： JFRCA20C4600011
認証有効期限： 2021年6月12日から
2024年6月11日まで
認証発効日： 2021年6月12日
認証証書発行日： 2021年6月14日

マリン・エコラベル・ジャパンによって認証された、郡上漁協の漁業認証証書（上）と流通加工段階認証証書（下）。マリン・エコラベル・ジャパンとは、「水産資源の持続的利用、環境や生態系の保全に配慮した管理を積極的に行っている漁業・養殖の生産者と、そのような生産者からの水産物を加工・流通している事業者を認証する水産エコラベル」（同 HP より）

明日の釣り人への成長を願って、子どもたちのアユ釣り講習会（郡上漁協）

いろ助言もいただきながらしとったんですけど。いずれにしても（岐阜は）アユに根付いた土地ですから、そこへ行けばアユの釣りから、食べることから、販売から、何でも揃うよと。僕いつも言うんですけど（岐阜は）、アユと共に歩んできた地域で、夏にはアユの話題で持ちきりになって、みんなが川を見て楽しくしゃべれる。釣り人は釣り人で我を忘れてサオを振れると、いう時代を目差すのがもっともだと、一番大切だと思うんです。ですから大澤さんももちろんやってみえますが、僕も小学生に教えたり、いかに女性客を増やすか、そして友釣りだけじゃなくて、今のアユの生産技術もそうですわ種苗生産の、これも伝統をつなぐためには絶対必要ですので、そういうことを考えながらやっておると忙しくて仕方ないですけども、さらに前に進むにはどうしたらいいかなと模索しているところです。

佐藤　九頭竜川中部漁協は、買い取りというシステムは今のところありませんよね。

中川　組合としての中長期計画の中には、この買い取りの仕組みを作ろうという計画になっているんですけれども。ただ、さきほど言ったように需要と供給（の関係）で。福井という土地は海魚文化（が根強い）、それがようやく今、川魚のよさというものを各料理屋さんも分かっていただいてきて、これからの計画もお教えを請いながらやっていきたいなと思っています。新たな集客という点につきましては、皆さん九頭竜川というと、激流で（流れの）押しの強い、水量が多いという、高齢者や初心者の方にはちょっと敷居が高いというふうに思われているんですけれども。五松橋から下流域はですね、非常に足場もいいし流れも緩やかで、高齢者の方でもそこまで行って、初心者や女性の方もできるところがあるんですけれど、ＰＲが不足していまして。昨年（２０２２）、女性の大会（九頭竜川中部ＬＡＤＩＥＳ杯）を新たに開催したんですけれども、最初の申し込みが72組。ただ延期が続いてしまって、８月28日に開催したんですが、最終的な参加が47組ですかね。非常に高水で、平水より20～30㎝は水位が高かったですかね。上流にあるダムの管理所に「放水量をちょっと少なくして」って頼もうかと思ったんですけど、やっぱり参加選手に失礼やし。平水よりも少し高い中で、川の真ん中に立って釣りをしている女性もおられて、「こ

九頭竜川・五松橋下流で行なわれたアユ釣り講習会のようす

小学生を対象としたアユ釣り講習会（写真上下とも、九頭竜川中部漁協）

のままで開催してよかったなあ、これはいい機会になったな」と思って。後日、参加選手からお葉書もいただいて、「ぜひ来年もやってほしい」という要望をいただいていますので、また今年も同じような大会をやって九頭竜川のよさをＰＲしていきたいなと思っております。

佐藤　どうしても、暴れ川というか、激流釣り場というイメージが先行してますからね。

白滝　でも実際やってみるとね、五松橋から下の辺りは優しい川でね。この間も（中川組合長に）連れて行ってもらったけど（女性でも）楽に釣れるいい川ですよ。

坪井　そういう意味ではこれ（大会）は当たりましたよね。「ああ、私も行ってみよう」って思われた女性の方はけっこうたくさんおられたんじゃないかと。

佐藤　景品がすごいんですよね、お米とか。

中川　町からも地場産の物を

第１回九頭竜川中部 LADIES 杯表彰式。豪雨のため２回の順延を余儀なくされたが、47 組の女性アユ釣りファンが各地から集結し技を競い合った。上位入賞者の晴れやかな笑顔が印象的

出してもらったり、この地域の人みんなが協力してね。一緒にやろうということでやったんでね。

坪井　副次的な効果も大きかったと思いますよ。

白滝　うちは昔からダイワさん、シマノさん、がまかつさん、あらゆるメーカーに（川を）使っていただいとるじゃないですか。そのＰＲ力はすごくて、何か本を開けば必ず長良川、郡上って名前を出してもらえる。それは地元として本当に喜ばないかんなと思って。

鈴木　あの魚を売る（買い取り）っていう話ですけどね、関東にはそういう文化がないんですよね。で、いくつか問題点もあるんです。大澤さんのところ（和良川漁協）でいうと、あの小さな規模に、あれだけお金が稼げるということは、腕があるやつが集まっちゃうんですよ。そうするとほかの人には釣れないというマイナス面が1つ大きいと思います。長良川ぐらい大きいところだったらあんまり関係ないけど、和良川のレベル（規模）だとそれはかなりあると思いますよ。もう1つは、団塊の世代が全盛期の頃っていうのは、中部地方とか関西だと魚が売れる、それも結構な値段だったんですよね。1ヵ月に何万円と稼げてしまう。僕は売らないんだけど1回経験があるんです。双眼鏡で見ている人がいて、（我々が）入れ掛かりだったんです。そうしたら（釣った魚を）買いに来る人がいるんです。結構いい値段で買って、生きたやつをそのまま活魚車で運ぶと言ってました。それを大阪だとか東京に運ぶらしいんですけど、結構な値段ですよ。でもそれを何日間かやっちゃうと家庭を忘れるんですよ。会社を忘れるんです。それで会社をクビになっちゃったり、会社を潰しちゃったり、お店を潰しちゃった、奥さん逃げちゃったという話をいくつも聞きました。そういう意味のマイナス点もあるので、これは本当は慎重にあるべきなんです。

坪井　なぜ関東は買い取りの文化がないんですか。

鈴木　中部地方ではアユが大変貴重な食べ物だったからだと思います。郡上は高山と名古屋を結ぶ街道の中間ですね。その人たちの往来で外貨を稼ぐ土地柄なので、アユやアマゴなど川のものの（価値が）高いですよね。海が近いところは価値がない。たとえば日置川とか日高川なんて、あんな有名な川ですけど、アユの価値は高くない。白浜温泉があって海の魚のほうが全然価値が高いです。東京周辺にはいろんなものがあるので、アユそのものを高く買い取るっていう文化にはならないんだろうと。狩野川なんかは昔からすごいですけど、あれは漁師さんたちに限られていた。一般の人が売るなんてことはまずなかった。ものすごく有名な人は何人か知っていますよ、旅館と契約している人たちなんかは別格で、年間に２０００〜３０００尾、多ければ５０００〜６０００尾と釣ってしまう。でも一般の人にとっては、釣った魚が売れるというのはある意味では狂わせてしまう。いろいろなものを。

坪井　でもそれって、僕はよく思うんですけど、最近、アユザオって高いじゃないですか（笑）。そういうところも関係ないですか。

鈴木　関係ない。アユザオって、全然高くないと思う。僕らが始めた頃のアユザオって、給料の何倍もしたんですよ。竹ザオって僕らの給料が3〜4万円の時に1本20〜30万円したんです。今の感覚で100〜200万円ですよ。

坪井　車ぐらいしたと。

鈴木　そう。バスフィッシング本気でやるとなったら、サオとリールで10〜20万円ですよ。それを最低バスボートに乗るなら（そのセットを）10本、何百万です。バスボート1艇、今1000万円ですよ。僕らがやっている時は500万円ぐらいだったけど。車もそうですよね、それでも面白ければやるんです。アユ釣りも実は釣れないからみんなそんなこと（アユ釣りはお金がかかる）を言うんですよ。釣ればアユって一番安い遊びだと思う。

坪井　ランニングコストはそんなにはかかりませんよね。

鈴木　地方の人だってオトリ1回買ったらあと自分のところで飼ってればいい。で、年券持っていたら一番安い遊びですよ。だからそれはねあんまり影響ないと思う、値段の話は。要するに釣れないからですよ。釣れれば誰でもやります。昔から治郎さんなんか典型（笑）、小澤さん（愛知県出身のアユ釣り名手）も典型だけど、子どもの頃釣って、アユ売って、それでサオも買って、着るものも買ってってことができたわけ。

白滝　小遣いを稼いでな。

坪井　（釣った魚を）売るのはでも楽しいですよね。

鈴木　それはいいんですよ。僕はそれを否定しているわけではない。ただ、生活をだめにしちゃう、踏み外しちゃう人もいますよということだけは心がけておかないと。最後はこう（ひどいことに）なった人も僕は知ってますから、かなり有名な人で。

坪井　去年かな、僕、米代川で２日間同じ場所で釣ったことがあって、「もう家族もいるし帰ります」って言った時におじさんにハグされて、「お前は家庭を顧みて偉いな。オレはいなくなった」って言われて。

一同　爆笑。

坪井　だから、いっぱいいますよね、河原に。

鈴木　そういう人もいますということを考えた上で買い取りシステムを考えていかないと。両手を挙げてではないですよ、というのをただ言いたいだけです。

中川　これ、買い取りする際に組合員と遊漁者の（間で条件）差というのはないですか。

白滝　ないです、同じです。

中川　うちらも今一つ問題になるのは、あくまでも遊漁者やろと。組合員は組合に出資して、遊漁者は遊びだから、海でもよく問題になりましたけど、それを買い取ってお金にするというのはそれはいかんやろうと。組合員から買い取るのはそれでええけど。

坪井　かなりグレーみたいですね、海はね。川では、内水面の漁業協同組合が組合員や釣り人から漁獲物を買い取りをする「販売事業」を行うには、漁業協同組合の定款で、販売事業に関して記載されている必要があります。もう少し話すと、組合員ではない一般の遊漁者、釣り人は「員外」と呼ばれ、水産業協同組合法に基づき員外利用は組合員の2倍を超えてはならないことが明記されています。まあ、そうは言っても、中川さんが仰ったように、漁協組合員から、釣り人と同等の扱いについて文句が出るというのもわかります。

鈴木　それも考え方ですよね、そういう意見もあると思います。

坪井　ですから買い取りシステムの大切さというのは、もう本当に白滝さんをはじめ大澤さんも積極的に発信されていますし、やっぱり地域の釣りをされてない人にも川の幸を味わってもらうんだっていう、そういうちょっと食文化的なところを推すべきなんじゃないのかなと思いますし、今の鈴木会長みたいな話はあまりしないほうがいいのかな（笑）。

鈴木　いや、知っておいてもらったほうがいいと思います。

白滝　本当に多いよ、ねえ会長。僕の知ってる範囲でも（笑）。

坪井　でもこの動画をご覧になっていらっしゃる方はおそらくそっち側に近い、もしくはそうなりかけている。そんな方に楽しんで見てもらっているからこれはこれでいいと思います（笑）。

鈴木　でもね、長い人生を考えたらたった何年間、自分は快楽ですよ。だけど家族が別れ別れになったり会社を潰しちゃったりとなったらそれは大問題。あくまでも釣りは遊びですよ。そういう考え方をするべきだと思います。

高齢化する組合員、地域移住者への期待
ふるさと納税返礼品に年券というアイデア

大澤　やっぱりどっぷりハマってずっと来られる方もあるんですけど、一番「釣り人増加」っていうのを考えて買い取りってやったんですけど、組合員さんを増やす方法といいますか、地域の人とか、いろんな人が始めてくれて、どこの漁協も組合員が今減少している根本的なところはやっぱり、組合員さんが「入っているだけ」という状況にあるんですね。元々、郡上・長良川の文化というのは職漁師さんがいて、その魚を流通させて、生業を立てた人もたくさんみえて、そういう人が組合を守っていたという歴史がありますんで。今、和良川なんかですと釣りがすごく好きで、ご家族もアユを食べるのが好きで、わざわざ和良町に移住されてオトリ屋さんを始められた方もみえますし、今「田舎暮らし」というのが注目を集めてまして。農業をしながら釣りをしながら田舎で暮らそうということで移住される方も、和良町でも60世帯ぐらいがそういった移住者の方ですね。

一同　えええーっ！　そんなに。

大澤　だいぶもう今は空き家がなくなっている状態です。（物件が）埋まっちゃってる。

一同　それはすごい。

坪井　新型コロナウイルスの流行も追い風だったんでしょうけど、それでも60世帯はすごいですね、聞いたことがない。

大澤　和良町に来たんだからアユ釣りしようということで組合に入られる方もいらっしゃいます。やっぱり釣りって、釣って食べるというのが一番初めの、根本のところですので。鈴木会長が言われたようにご家庭を崩すほどはちょっとまずいと思いますけど、いろいろと楽しみながら程々にやっていただければと思いますけどね。

坪井　ただ、平成13年から令和3年にかけて（組合員が）半減以上いってますよね。これは全国的に見ても減りが早いほうなので、移住していただいた方に積極的に組合をＰＲするとか、「和良鮎まつり」とかいいと思うんです。すごいいいと思うんですけれども、ああいったイベントを通じて、1人でも多くの地元の釣り人が組合員になってくれたらいいですよね。移住してきた釣り人に、組合に気軽に加入してもらえるような新たな組合像を示していただきたいと、和良川漁協さんに期待しています。

佐藤　移住者がどんどん組合員になっているというのはすごい現象ですよね。

鈴木　長良川沿いは移住者が増えてないんですか？　あまりいない？

白滝　全体が広いですから、いや増えてはいるんですよ。たとえば市役所の職員でもね、今までは大体が地元の出身者だったんです。最近、中途採用とか中途試験を受けてＩターン組がどんどん来てますし。特にちょっと山里へ入ったところ、郡上でも石徹白地区であったりとか大和とか、牛道とか、あれはたぶん合わせると１００人とか２００人のレベルじゃない、もっと増えていると思います。さっき言われたみたいにコロナ禍もだいぶ後押ししてるんじゃないのかな。そういう人たちは新しい発想でものを見てくれるものでね。魚に限らず、地元のいいところを見つけてうまく情報を発信したりしてくれてるみたいです。一方で地元で育った若い子たちが都会へ行くのには、（移住者の数が）まだ追いつかんですね。

坪井　そういった意味ではやっぱり小さい頃から、川のよさを知ってもらう、ああいう子供向けの釣り体験行事はいいと思うし、それをやる場所がもう「絶対釣らせるぞ！」という環境ですよね。やる気満々の、大石があったりとか。中川さんの資料でもそうでしたけどいい瀬で、「絶対にココ！」という場所でやってらしたので、意気込みがよく伝わってきました。素晴らしい試みだなと思いました。

佐藤　いろいろな取り組みがあるんですけど、最近ではふるさと納税の返礼品に遊漁券を付ける、これは３漁協ともやってらっしゃいますよね、あれは年券ですか。

大澤　年券ですね。

鈴木　いくらで。

白滝・大澤・中川　４万円です。

白滝　郡上市のふるさと納税の額の相当大きい部分を占めてるんです。だってふるさと納税分だけでうちので単純に計算しても1000万円を超えてます、納税額として。ふるさと納税のクーポンだけで、若い子に聞かないと細かいことはわかりませんが300枚とか。

坪井　同じ郡上市ですよね？　ここところ（和良川漁協と郡上漁協）が組んでる。郡上市はセコいなと思いますけどね（笑）。

白滝　ふるさと納税の返礼品には遊漁証もあれば、アユもあるじゃないですか。今どうなんや、3万円くらいあれば1kgぐらい出すようになってるのかな。郡上鮎、和良鮎両方やってますので。

（※注・郡上鮎は「冷凍 小サイズ20尾」、和良鮎は「冷凍 約400g」）

鈴木　九頭竜川はないんですか？

中川　永平寺町でやっています、4万円で。大体、永平寺町だけなんですけどね（毎年）100件。

白滝　400万ぐらいはちゃんと貢献してるんだね。

中川　永平寺町のふるさと納税では2番目くらいの……。

一同　それはすごい！

白滝　確か、うち（郡上市）でもそうですもん。（郡上と和良と）2つ合わせたら……トップはいかないでしょうけど、ハムがありますから、あのハムがね（笑）。

（※注・郡上のご当地グルメとして有名な「明宝ハム」と「明方ハム」）

坪井　あれはちょっと、肉はちょっと（笑）。でもね、僕、実は調べてみたんですよ。ふるさと納税の返礼品で「鮎」って検索すると、1200件ヒットするんです。それはサイズとか尾数とかいろいろ違いはどうであれ、（それだけあると）もはや分からないですよね、一般の方が。そうしたらどこのアユを買うかといったら、名前が知れた所とか、日本人はこういうランキングが大好きなので。（和良川産は）ナンバーワンじゃないですか、というところが勝ってくるんだろうなと思っていて。

佐藤　これ、サクラマスの年券も結構申し込みがあるんですか？

中川　サクラマスの年券（納税額2万7000円の返礼品）はアユの半分以下ぐらいです。

白滝　話が飛びますけど、最近は、スマホでピッ！で（遊漁券が）買えるじゃないですか。

佐藤　「FISH PASS」（フィッシュパス）これも3漁協とも加入されていますよね。

白滝　やってます！

鈴木　どうですか、あれはいい？

白滝　釣り人へのサービスとしては必要不可欠になってくるでしょうね。我々が釣りに行くと、地域のお店に寄って券を買いがてら状況を聞いたり、オトリ屋に寄ってしゃべり込むのも楽しみの1つじゃないですか。それとは別に、夜明け前に渓流に入って早朝から釣りをしたいという人には、非常にいいサービスだろうなと僕は思っています。

佐藤　渓流釣りにはいいと思います。アユ釣りは結局川へ行く前にオトリ屋に行くから。

坪井　渓流釣りのほうが（FISH PASSとの）相性はいいかなと思いますよね。僕には分からないですけど若い方々、いわゆるZ世代と呼ばれる方々は、もうコンビニの店員さんと話すのも嫌だみたいな。誰が触ったか分かんないお金を払ってですよ、そういうのが嫌だっていうので。誰にも会わずっていうのも、コロナ（禍）の今風じゃないですか。なので、電子遊漁券は一定層の支持はあると思います。だって、スマホで「どこで釣れるのかなー」で、チケット（遊漁券）はアプリで買えるし、全部そういう情報も「つりチケ」「FISH PASS」の2社がやってくれているので。そういう意味では、若い世代を取り込むっていう上ではすごく大切なのかなと思います。

白滝　ちょうどコロナの時に行政、監督官庁、県なんかも推奨したもんね。電子遊漁券導入もその1つとして。

坪井　キャッシュレスで（感染拡大防止にも）よいですし、商店なんかに買いに行って、おじいちゃんおばあちゃんに感染させてしまっても大変じゃないですか。

鈴木　年寄りの遊漁券。これね、私は毎年長良川に行きますよ。普通に遊漁券を買っていたんだけど、去年はたまたま一緒に行った人が買ってくれて、その人に「免許証を出して」と言われたから「何？」と聞き返したら、免許証を出すと本来は2000円する券が1200円になるんだっけ？　確か7掛けくらいになるんですよね。その前は半額だった。

そういうことを知らなかったんですよ。「3年間損したな」って言ってたの。

佐藤　70歳以上でしたっけ？

鈴木　それで白滝さんに電話して、「シルバーパスはいいよね」と言ったら「もう今年で終わりですよ」って言われちゃって。

白滝　いや、今年もう1年やりますよ。来年からということです。というのは、全体的にそうなんですけど、釣り人、組合員も含めてなんですが平均年齢が70歳なんですよね。

佐藤　平均年齢が70！

鈴木　それはそうだよ、組合員はそうだよ。

白滝　だって僕が漁協に入った20代前半の時に、遊漁者の平均年齢を調べたら29歳だったんですよ。

鈴木　去年聞いた時で40何％以上が70歳以上だったよね。

白滝　そう、それがもう完全に50％近くまでいっちゃって。それでも団塊の世代の人が頑張ってくれるからいいんですけど、多分10年先になると半分くらいはもう絶対に釣りをされていない。その時のことを考えると長期的にはいろいろと方策も打っていかないかんなというのが正直なところなんですね。

アユルアーは救世主になるか
友釣りとは別モノ!? 共存の試み

佐藤　高齢化する友釣りや組合員の方々もそうですけど、やっぱり若い人をどうやって入れていくのかみたいなところで、これは友釣り人口を増やすっていうこととまたちょっと違った発想で、今、人気が高まっているのがアユルアー。

白滝　「アユイング」ね。

佐藤　これ（次頁）は僕が多摩川で釣った時のものです。アユルアーについては、これだけ友釣りの盛んな地域の中ではどういうふうな考えで、こういう「違うアユ釣り」と付き合っていくべきなのかというところなんですけども。特に九頭竜川なんかではどうですか。

中川　うちの遊漁規則の中で「リールは使用禁止」という項目が入っているので、その項目が一番のアレなんですけども。こういうリールを使って、まあよしとしても、（遊漁者が）上手に「ここや！」って投げられるかというと、100％無理ですよ。混雑していて（お隣とは）10m間隔で、「ここや！」ってとこで左に投げてみたり、後ろに引っ掛かってみたりとか、そういう混雑状況の観点から考えるとたぶん無理ですね。

アユルアーでヒットしたアユ（多摩川）。かつては主にオトリ店がない場所でオトリを捕るために使われていたアユルアーだが、近年は新しいルアーフィッシングとして、その手軽さが若者の人気を集めている

佐藤　郡上漁協ではどうですか。

白滝　中川組合長と同じ考えと言いますか。うちの実情はですよ、友釣りで、友釣りマンでいっぱいになるところは、物理的にやはり難しいと思うんですね、トラブル防止の点から。たとえば私どもの郡上漁協でも、アユ釣りに関してはリールは禁止、アユルアーは禁止と謳っている状況なんです。ですが、アユルアーという物についてメーカーサイドの人たちからいろいろ話を聞きますと、アユルアーを使ってアユを釣った人のうち、7割ぐらいが友釣りに興味を示すと。実際に入ってきたかどうかは別として、そういう話を聞いたこともありますので。僕は今、郡上漁協の組合長ですけど、岐阜県漁連

の理事でもあるんですが、岐阜県下でも、明らかにルアー向きの規模の川で、アユはいるのに友釣りマンは少ない、あるいは濃密放流すれば釣れるという川がいくつかあるんですよ。今年も、あまり細かいことはまだ言えないですけど、木曽三川の中のある河川のさらに支流によいところがありましたので、そこの組合長と相談して、ちょっと乗り気だったものですから、ルアー専用区のようなものを作って、とにかくアユルアーがどういうものなのかをまず検証するんだと。これには岐阜県もアユルアーというものをアユ釣り振興のための方策の補助対象事業として入れてきましたので、それも利用しながら濃密放流してあげて。それこそ1㎡当たり1尾以上のアユを確実に住まわせて、放流以降はカワウや増水の被害から人為的にでも何でも徹底的に守りながら、いい状況で解禁をさせて検証したいと。これを1つのモデルとしながら、あとはやっぱり漁場の状況によると思うんです。我々のようなところはそう簡単に全体に開放というわけにもいきませんし、一方で「いや、こうすれば釣り人が増えるのかい」と同感してくれるところもあると思いますので、やっぱり食わず嫌いというのはいけませんので、僕も岐阜県でも立場を変える中で、これを検証してみたいなと。ただ、僕いつも言うんですけど、琵琶湖産を入れるか入れないか、あるいは漁協の運営についてもありますけど、検証するなら1年だけではだめ、最低3年、できたら5年ぐらいは長い目で見ながらしっかりと腰を据えてやってみるべきだろうなと。ただ、こういう新しいものですから手遅れにならないように早く手を付けてみたいなというのが僕の今率直な気持ちと、動き始めたことへのスタンスです。

佐藤　ルアーだったらちょっとやってみようかなと考える若者はいると思います。渓流のルアーがこれだけ流行っていますし、シーバスとかいろんなジャンルのルアーマンが（興味を示すかもしれない）。その人たちが友釣りへとつながるのかは分かりませんが、でもアユもちょっとルアーで釣ってみたいという人は増えると思います。

坪井　全く別ジャンルのルアーの若い子たちが日釣り券を買ってくれるという現象は、比較的簡単に結びつきやすいと思うんですけれども。大澤さんのところは、今どうですか。

大澤　うちのほうもですね、小さい河川ですのでやはり混雑具合を見ると、ちょっと難しいところがあるかなとは思うんですけども。僕もルアーはかなり好きでやりますので、理事会でもちょっと話しているんです。こういうもの（アユルアー）があってと、相談中です。

坪井　たぶんやるとしたら、さっきのゾーニングの発想で、釣り人同士がケンカにならないように、専用区っていうのをたとえば５００ｍとか１㎞設定して、どうかなと。大澤さんに振った理由は、放流量がかなり足りているので、そこに濃密放流とか、専用区に、日本一美味しいアユがルアーで釣れるというのはインパクトがあるのかなと思いましたし、美味しいアユっていっておいてあれですけれども、アユルアーの方って、どのくらいですか？キャッチ&リリース率。放す方もいらっしゃるっていう。

佐藤　いるかもなぁ……。でも相模川は去年めちゃくちゃ増えたんです。あそこに来る人たちは、何が楽しいって、食べるの楽しいという方が多いみたいです。

坪井　あ、そうなんですね。そしたら当たるんじゃないですか、和良川で。しかも、本当に尾数が少なくても満足のようですし、あとハンドメイドの方もいますよね。自分で作ったルアーでアユを釣ってみたいっていうコアな層もいるので。その方は恐らくですけど、

神奈川県相模川でのアユルアー風景と釣果

アユルアーでいくんじゃないかなと思って。僕も、佐藤さんもルアーも友釣りもやりますけど、全く別物というか。

白滝　そうするとルアーで入った人は友釣りまで足を広げる率は低いか。

坪井　僕はそう……別の階層の人が上乗せされるイメージですよね。

鈴木　ルアーで釣ってからやっぱり友釣りが面白そうだなって話もけっこう聞きますよ。

白滝　なんかそういう話を業界人にはちょくちょく聞いとったもんで。

坪井　面白いうえに圧倒的に釣れるので、友釣りのほうが。

白滝　そういうことだな。

佐藤　なかなか釣れないですからね。

坪井　僕、4回中2回ボウズですから。で、あるときは1尾釣るまでに1時間半かかったんですけど、1尾釣ってオトリを替えた瞬間、その後は10連チャンです、普通の友釣りで。慣れていないとそのくらい難しい印象です。だから、組合長さんとしては、めちゃくちゃ資源に優しい釣り人が来てくれてると、思ったほうがいいです。中川さんにお伝えしたいのが、この釣りはダウンでずっとやっていくんですよ。キャスティングはほぼしないので、そんなに迷惑は掛からないです。友釣りの人たちの所までは行かないようにね、みたいな指導をしておけば。自分のルアーがどこにあるのかも分からないような人には釣れませんから。

佐藤　本当に石をちゃんとねらい撃ちしないと釣れないです。

中川　ノベザオでは無理なん？

佐藤　ノベザオでもできますよ。ノベザオ用のルアーももちろんありますから。

坪井　だから、みんなで来年は釣れないアユルアーを悶絶しながら（笑）。

中川　オトリ捕るのによくやったけど、なかなか（釣れない）。

坪井　なかなか（難しい）ですよ。でも1ジャンルになっていくとは思います。

鈴木　私なんかもう50年以上前に、ラパラの腹の中にオモリを埋め込んで釣りしましたよ。よく釣れました。たくさんいたってこと。だけどやっぱり友釣りのほうが面白くて。

佐藤　こういう形でも1つの、アユという魚を釣ることとしては。

坪井　門戸が開かれるというか、間口がより広くなるので、それは悪くはないのかなと。ただスキー場でスノーボードが流行り始めた時みたいに、野沢温泉とか最後までスノーボード禁止だったじゃないですか。ああいうことが起こり得るかもしれないですね、（アユルアーが）どんどん広がってくると。「アユルアー禁止だからオレはこの川が好きなんだ」っていう層も出てくるかもしれないので、だから長良川とか九頭竜川は、徹底して、そういう釣り場づくり。それこそ広い意味でゾーニングになると思うのでいいのかなと思います。

鈴木　スノボが始まった頃はね、みんなが下手だったから、そこら中に座ってたんですよ。最近はそれがないんです、教室もちゃんとやっているから。私は未だにスキーをやっているんですが、ボードの人の迷惑度が違います。

漁協は川の守り人
釣り人や釣り具メーカー、関係者全員で漁協を盛り上げたい

佐藤　いろいろな取り組みの中で、漁協は川の守り人というか、やっぱり川を守る存在であるべきだと思うんですけれども。たとえば海外のライセンス制度を導入しろ、みたいな意見があったりしますが、白滝さん、そういう組合（の在り方）に対して（どうお考えですか）。

白滝　一時よく聞きましたよね、いっそ漁協から漁業権なんか取り上げろと。行政や国が管理したほうが楽じゃないかと。しかし、もし過去にそれをやっていたら今の川は存続していないと確信してます。佐藤さんが言われたように、やっぱり漁協は川の防人であって守り人であると。だからよくなっていくかという保証はないですけども、日本の行政が、漁業権まで自分のものにしたら日本の高度成長期以降、今までの歩みを見るにつけ、開発優先がより進んだと思ってます。唯一それに耐えられたのが漁協であり、これは漁協だけではないです。釣り人の力です。本当に川に携わる者がおったからこそだったと思うんですね。充分じゃないですよ、いろいろな弊害はありましたけれども、そういった意味でも

やっぱりそのことだけはしっかり胸に置いて、今後に臨んでいかないかんなと思ってます。

佐藤　中川さんも組合として、大きなものを見なければいけないじゃないですか。

中川　そうですね。組合として、漁業権があるおかげで川の番人という立場で、河川の工事、堤防の工事とかいろいろなことがあるんですけれども、組合があってこそ、国交省の仕事とはいいながら組合に相談にきて「こういう工事をやります」と。だから、「ここは触ったらいかんぞ」とか、「こういうやり方を」とか、指導ができているわけです。必ずどんな仕事でも組合へ来て、「こういう設計の説明でこうやりたい」と、「何月何日からやりたいんです」と。「いや、ここはサクラマスのシーズンに入っているからずらしてほしい」とか、「ここは出水期の絡みもあるから早くやってほしい」とか、そういう意見が言える。こういうやりとりがなかったら、のべつまくなしでガーッと掘ってきれいにならしておけばいいとなる。そうなれば川の荒廃や土砂の堆積が起こります。その点から見ればやっぱり組合があってよかったかなと。それがまた組合の使命じゃないかなとは思っていますけれども。

佐藤　大澤さんは、組合は番人という部分でもそうですし、地域をこれだけ盛り上げるという意気込みがすごく(結果に)直結している漁協、分かりやすいくらい小さい村の中でね。

大澤　(我々は)組合員さんも人口も少ないんですけれども、地域に住んでいる方が川を大事にして、その中で組合が河川を維持して環境を管理してやっていこうと思うと、組合が

存続してずっと守っていかないと、やっぱり魚類は残っていかないと思いますんで。うちの川は残念ながらダムがあって本物の天然遡上というものはもう絶えてしまっていますけども、その中で環境を維持しつつですね、栽培漁業っていわれる部類になるとは思うんですけれども、今後もその地域の人で、これからも守っていければと思いますね。

佐藤　最後に坪井さん。こうして組合長たちと話す機会があって、今後の組合のあり方みたいな部分で（ご意見やご感想をお願いできますか）。

坪井　今日のお話を聞かせていただいて、今をときめく3漁協の組合長さんですけど、やっぱりいろんな、ダムがあったりなかったり、湖産を放していたりいなかったり、いろいろある中で、おそらく（動画を）ご覧になってる方はどこかに響く部分があったと思うんですね。ご自身の好きな川はこの漁協さんに近いなとかそういうのがあったんじゃないかと思います。僕がさっき放流じゃちょっとペイしにくいよ、赤字になりやすいよって言った中で、よくぞこれだけ小さい漁協（和良川漁協）さんで（頑張っていらっしゃると）。恐らく全国的に見て、この御三方の中では大澤さんのところが一番親近感が湧くというか、（ほかの御二方の漁協は）出来すぎているというか、すごすぎるというか、そういうところがあるので。大澤さんのところの取り組みっていうのが、ダムはあるけどまだまだ（やれることがある）というところで。ただ大澤さんがおっしゃった、栽培漁業のようだと、全然卑下する必要はなくて。アユがいることで、夏ね、コケが生えて、その生産力を利用してアユがそれを食べてくれることで川がきれいに保たれるといった景観の美化とか、水質の浄化とか、そういう作用もあるので。アユが川にいることっていうのは、その地域が盛り上がるって白滝さんがおっしゃるとおり、そういう人間的ないいこともあるし、河川環境を維持するという意味でもすごく大切なことなので、そこは胸を張っていただきたいなと思って聞いていました。

宮本くんが作った渓流魚のマニュアル（54頁）と、このアユのマニュアル（写真）、この2つに共通するのが「地域を盛り上げる」というトピックなんです。結局、漁協さん（に加入している組合員）がどんどん高齢化している中で、漁協だけでやろうと思っちゃうと本当にいっぱいいっぱいになってしまって。地域の皆さんあってのことだし、白滝さんのところ（郡上漁協）は森林組合かっていうぐらい（笑）木を植えていらっしゃったり、さっき、中川さんも河川の管理者とやり合ったりっていうところで、地域の川の要になるのが漁協だと思ってます。そこの漁協さんが健全であるっていうことは川が健全であることの大前提だと考えていますので、ぜひ今後も地域を盛り上げていっていただきたいと思いますし、この動画をご覧の皆様も、カメラ目線にいかせていただきますけれど

『ボーズにならない！　釣れるアユ釣り場づくり』（水産庁）表紙

も、ぜひ地域の方々とネットワークをしっかり作って、漁協を存続させて川が元気になるように、ぜひ御尽力いただきたいと思います。その時に、企業とか、釣り団体とか釣具メーカーさんのサポートがあるとよりいいんじゃないのかなと思いました。

鈴木　私たちはもう50年以上、水産庁に「釣り人課」を設けてくれということをずっと（お願いしてきて）。なぜかというと、元々釣りというのは、日本は水産庁管轄なんですね。でも本来これは教育であるべきで、文部科学省であったり環境省であったりすべきなんですよ。ただ日本は昔から釣った魚を食べる「漁」という感覚があるので、（公財）日本釣振興会も、昔は監督官庁が水産庁だったんですよ。ということで、水産庁にそれをお願いするってことを長年続けたんですけどついにできませんでした。で、20年くらい前に「釣人専門官」という役職ができたんですね。これの初代専門官が櫻井政和さんという方で、もう釣りが大好きな人だったんです。それで彼が一番最初にやったのは、水産庁の本庁で月に一遍、「漁業協同組合のことを考える」という会。いろいろな意見がたくさん出ました。僕も参加したんですが、最終的な結論、漁業協同組合をどうするかという結論ですよね。この御三方の組合は立派にやっているんだけど、ほとんどの組合というのは、できていないんですよ、運営が。組合に行って「決算書を見せてください」とか言うじゃないですか。たぶん皆さんのところに行ったら見せてくれますよ。ちゃんとやっているところはどこも見せてくれました。ただ全く見せてくれない漁協がほとんどですよ。ということなので、釣り人は漁業協同組合の組合員になりましょうというのが結論だったんです。

要するに、釣りをやっている人が組合員になるといろいろな意見が出てきますよね。そうすると組合の人たちにもいろんな影響が出てくるでしょう。ただ組合の人たちは、外部の人に入ってほしくないというのが本音ですよね、どこも。だから、ほとんど断られるんです。ただ中にはさっき言った準組合員とか、要するに、漁業協同組合、さっきのね土建工事で利権が入るとか（笑）そういう話がいっぱいあるわけで、「それは一切関係ない」とただ組合員、準組合員になるっていう方もいらっしゃるんです。それで今、坪井さんはたぶんすべて数字を把握していると思うけども、大部分の漁業協同組合が破綻ですよ、内水面は。さらに（悪いことを言うと）、団塊の世代が700万人もいるわけで、これがほとんど動けなくなります。そうなったら漁業協同組合はほとんどどこも破綻に近いと思います。

ということで僕は水産庁長官まで会いに行きました。このままでいくと漁業協同組合が破産して経営が成り立たなくなるので何とかできないかと話をした時に、さっき話に出た櫻井さんたち、みんなで勉強会をやった時の、釣り人が組合員になる方法は何かないかという話をしたんですね。たとえば、どこを見ても決算なんかできていないですよ、ちゃんとしたものが。だったらたとえばそこの川が大好きで通っている税理士とか会計士がいるわけだから、そういう人たちに（面倒を）見てもらう。弁護士の人もいるでしょうし、いろんな人がいますよね。そういう人たちに組合に入ってもらって、実際の数字も含めて見てもらうということをやったほうがいいんじゃないかって話をしたんですよ。そんな話をしたら水産庁の長官が、「できるんですよそれは」って言ったんですよ。皆さん知ってました？「員外理事」っていう制度があって、今はそこに住んでいる人以外は組合員になれないじゃないですか。だけど「員外理事」っていうのがあるんですよ。これはそこに住んでいない人でもなれるんです。そういう制度があるから、それを利用すればいいんじゃないですかって言われたんです。だけど、日本でどこの漁協もやっていません。やっぱり外部の人に入ってほしくないっていうことがあるんだと思う。

でもこれからは違うと思いますよ。もうちょっと考え直して、いろんな意見を聞けるシステムを作っていかないと組合が成り立たなくなると、さっき治郎さんの話もありましたけれども、中川さんも仰ったけども、今の組合がなくなっちゃってこれが行政に移管されちゃう、そうなったらおしまいですよ。だからその前に、各組合で、高齢化していっちゃう、確実に減っていくわけだから、だったら外部でその川が好きな人、そういう人たちに入ってもらって、漁協の経営や運営を手伝ってもらうということを今後考えていかないと、成り立たなくなると思いますよね。

佐藤　今日はいろいろなお話を聞かせていただき誠にありがとうございました。今後の日本のアユ釣り場、渓流釣り場を考える上でいい議論ができたんじゃないかなと思います。

魚《さかな》がよろこぶ川《かわ》のリアル
人気釣《にんきつ》り場《ば》の漁協組合長《ぎょきょうくみあいちょう》、研究者《けんきゅうしゃ》、編集長《へんしゅうちょう》による本音《ほんね》トーク

2023年10月10日発行

編　者　つり人社書籍編集部
発行者　山根和明
発行所　株式会社つり人社

〒101-8408　東京都千代田区神田神保町1-30-13
TEL 03-3294-0781（営業部）
TEL 03-3294-0766（編集部）
印刷・製本　シナノ書籍印刷株式会社

乱丁、落丁などありましたらお取り替えいたします。

ISBN978-4-86447-726-0 C2075
つり人社ホームページ　https://tsuribito.co.jp/
つり人オンライン https://web.tsuribito.co.jp/
釣り人道具店　http://tsuribito-dougu.com/
つり人チャンネル（You Tube）　https://www.youtube.com/channel/UCOsyeHNb_Y2VOHqEiV-6dGQ